AF627533

Unsere Feste im KINDERGARTEN

Die schönsten Feier- und Spielideen für JANUAR bis JUNI

FASCHING
FRÜHLINGSFEST
OSTERN
GEBURTSTAG
SOMMERFEST

Kaufmann Verlag

Impressum

Bibliografische Information der Deutschen Bibliothek
Die Deutsche Bibliothek verzeichnet diese Publikation in der Deutschen Nationalbibliografie; detaillierte bibliografische Daten sind im Internet über http://dnb.ddb.de abrufbar.

1. Auflage 2023
© 2023 Verlag Ernst Kaufmann, Lahr
Dieses Buch ist in der vorliegenden Form in Text und Bild urheberrechtlich geschützt. sJede Verwertung ist ohne Zustimmung des Verlags Ernst Kaufmann unzulässig und strafbar. Dies gilt insbesondere für Nachdrucke, Vervielfältigungen, Übersetzungen, Mikroverfilmungen und die Einspeicherung und Verarbeitung in elektronischen Systemen.

Text: Suse Klein
Illustrationen: Petra Eimer

Druck und Bindung: ADverts Printing House
ISBN 978-3-7806-5190-7

Inhaltsverzeichnis

5

Feste feiern von Januar bis Juni

Mit diesem gut gefüllten Buch voller Feier- und Spielideen halten Sie eine tolle Sammlung für alle Feste von Januar bis Juni in der Hand, die in Kita und Kindergarten so anfallen können.
Feiern und Feste prägen ganz selbstverständlich das Erleben von Zeit und Jahreszeit der Kinder. Welche Rolle soll, kann, darf oder muss die Kita dabei spielen? Eines vorweg: Ob mit oder ohne Kita, dem Rummel rund um die größeren Feste können sich Kinder kaum entziehen, die Frage ist nur, wie genau die Kinder Ihrer Kita ihre Feste und Feiern erleben und später in Erinnerung behalten. Darum ist es wichtig, Jahreszeiten und ihre Feste mit den Kindern zu besprechen, sie herbeizufreuen und zu genießen. Das gilt natürlich nicht nur für die in diesem Sampler enthaltenen Feste, die eher zum europäisch-christlichen Kontext zählen, sondern für alle Feste der Welt. Fragen Sie doch die Kinder in Ihrer Einrichtung, welche Feste, Feiertage und besonderen Zeiten im Jahr in ihrer Familie noch gefeiert werden, und nehmen Sie sie mit in Ihre Jahresplanung auf! Kochen Sie typische Rezepte, singen Sie die passenden Lieder …

Das Erleben von Jahreszeiten und ihren Festen ist für Kinder im Krippen- und später im Kindergartenalter oft der Dreh- und Angelpunkt, um sich in der Zeit zu verorten. Mit der Vorfreude auf Ostern oder den eigenen Geburtstag sammeln Kinder häufig erste Eindrücke von Zeit und Zeitdauer, von Tag, Woche und Monat. Und mit ebendiesem Wissen über Zeit und Zeitrechnung eignen sich die Kinder wieder ein weiteres Stück Welt- und Orientierungssicherheit an.
Feiern macht zudem nicht nur Spaß, es transportiert zusätzlich noch (inter)kulturelles Wissen – das gehört ebenfalls mit zur Bildung in den ersten sechs bis sieben Lebensjahren – und es ist auch einfach gut für die Seele: Ein oder zwei Tage ohne frühes Aufstehen, Tage der Ruhe oder der Gemütlichkeit, vor allem aber auch Zeiten der Gemeinschaft, vielleicht des Schlemmens, tun nicht nur Erwachsenen gut.
Und schlussendlich nicht zu vergessen: Das Miteinanderfeiern kann auch zur Entwicklung der Sozialkompetenz beitragen.

Toll, wenn die Kinder erleben können, wie die Jahreszeiten und ihre Eigenheiten mit in die Feste, die Dekoration, das Festessen und die Stimmung hineinspielen. Auf diese Weise können die Kinder besondere Zeiten im Jahr mit allen Sinnen kennen- und schätzen lernen: Sie erfahren den Geschmack von Ostern, weil es vielleicht eine Karottentorte gibt, viele Ostereier und ein Osterbrot. Sie riechen, wie es beim Eierfärben oder draußen beim Eiersammeln auf der Wiese duftet. Sie hören an Ostern die Vögel zwitschern und erfreuen sich an dem neuen Grün der Natur.

Zur Faschingszeit kosten die Kinder Krapfen, sie machen die wunderbare Erfahrung, dass man sich per Verkleidung in eine andere Person oder sogar ein Tier verwandeln kann – eine prägende Erfahrung, denn gerade das Verkleiden regt die Fantasie an, es lädt zu Rollenspielen ein und unterstützt Prozesse der Selbst- und der Fremdwahrnehmung.

Jede Jahreszeit und jedes Jahreszeitenfest hat seine Besonderheiten, die die Kinder aktiv erfahren, erkunden und erleben können. Toll, wenn Sie die Kinder dabei begleiten. Dieses Buch soll Sie bei den vielen kleinen und großen Festen unterstützen: mit einfachen, lustigen und originellen Ideen, die sich im Kita-Alltag schnell umsetzen lassen. So können Sie die Faschingszeit mit Kreis- und Fingerspielen begehen, Sie finden aber auch lustige und leckere Ideen für Faschingspartys, gefolgt von Dekorationen und kleinen Gestaltungsideen zur fünften Jahreszeit. Im Frühling warten Tschüss-Winter-Ideen, Spiele und Musikideen auf Sie und die Kinder.

Im Kapitel Ostern bekommen Sie Mitmachgedichte und Fingerspiele rund um Ostern, Osterhasen, Hühner und Küken, aber auch Kreativ- und Rezeptideen, und auch Theaterstückchen für Feste sind mit dabei.

Der Sommer, die Zeit des Kitafestes, bietet Ihnen in einem eigenen Kapitel Impulse für den Mutter-/Vater-/Kindertag und tolle Ideen fürs Sommerfest: von der Begrüßung über Lieder bis zu Theaterideen und Rezepten fürs Büfett.

Ein Extra in diesem Sampler ist das Kapitel „Geburtstage“: Die Hoch-sollst-du-leben-Ideen in diesem Kapitel eignen sich natürlich für alle Geburtstage, egal zu welcher Jahreszeit. Sie nehmen das Geburtstagskind in den Mittelpunkt, funktionieren aber auch als Zusammenhalt-Ideen für die ganze Gruppe. Geburtstagslieder, die sich ganz einfach personalisieren lassen, Rezepte, Deko- und Kreativideen sowie Spiele und Rituale können Ihre Geburtstagsfeiern ab sofort bereichern. Lassen Sie sich inspirieren!

Fasching

Juhu, die fünfte Jahreszeit ist da! Und mit ihr all der Trubel, die Freude, das Lachen, der Spaß am Verkleiden, die zu dem Fest, genannt Fasching, Fasnacht oder Karneval, gehören. Jetzt, im Winter, wenn die Kinder oft weniger Möglichkeiten haben, um draußen zu toben, sind tolle Ideen gefragt, die dem Bewegungsdrang der Kinder Raum geben. Und da macht eine Faschingsparty doch gleich doppelt Spaß!

In diesem Kapitel finden Sie lustige Kreis- und Fingerspiele, Tanz- und Mitmachlieder, Ideen für den Tag der großen Faschingsparty und zum Schluss Tipps zu Dekorationen und Rezepten.

Faschings-spiele

„Hilfe, die Nase ist weg!" Mit einem clownigen Aufpassspiel oder einem Mitzählfingerspiel läuten Sie die fünfte Jahreszeit bereits im Sitz- oder Morgenkreis ein. Die Kinder können sich auf das närrische Treiben einstimmen und freuen.

Mit Umzug, Bonbons und Musik

Warum wir Fasching feiern

Warum feiern wir mitten im kalten Winter, wenn man eigentlich schön zu Hause im Warmen sitzen könnte, ein Fest? Und noch dazu ein Fest, für das man sich verkleiden muss/darf/kann? Und warum fahren riesige Laster mit Aufbauten aus Pappmaschee durch die Straßen, die danach zerlegt und entsorgt werden? All das nur für ein bisschen Feiern?

Der Ursprung der Fastnachtstage

Schon im alten Rom kannte man eine Art Faschingsfest, die Saturnalien. An diesen Tagen stand alles Kopf: Hausherren spielten die Diener für ihre Sklaven, überall wurde gefeiert und ein geschmückter Schiffswagen (ein Schiff auf Rädern) wurde durch die Straßen gezogen. Aber schon vor den Römern war ein faschingsähnliches Fest bekannt. Die Göttin Isis wurde im alten Ägypten ebenfalls mit einem Umzug geehrt, vor 5.000 Jahren kannte man ähnliche Feste in Mesopotamien und auch in Europa zogen die Menschen vor Beginn des Frühlings geschmückte Wagen durch die Gegend und freuten sich, dass bald das Frühjahr und damit die helle Zeit im Jahr kommen würde. Auch der Brauch, dass an diesen Tagen alle gleichgestellt sind und hochstehende Persönlichkeiten spaßhaft verspottet werden dürfen, hat sich bis in unsere Zeit gehalten.

Den Winter austreiben

Weil die Menschen früher im Winter oft hungerten und sehr krank waren, war für sie die Zeit, in der sich der Winter verabschiedete, durchaus eine Feier wert. Den Wechsel vom kalten und dunklen Winterhalbjahr ins hellere und warme Sommerhalbjahr feierten die Menschen oft, indem sie sich als Geister oder weitere unheimliche Gestalten verkleideten. Mit lärmenden Rasseln, Ratschen und anderen selbst gebauten Instrumenten vertrieben sie symbolisch den Winter. In manchen Gegenden der Alpen und des Alpenumlandes stellen die Narren an Fasching den Brauch, das Dunkle oder Böse zu vertreiben, mit sehr alten Kostümen und lange überlieferten „Läufen“ (Verfolgungsjagden und Umzügen) noch immer nach.

Die Fastenzeit einläuten

In vielen Religionen und Kulturen der Welt wird vor wichtigen Festen oder Zeremonien traditionell gefastet. Gläubige Christen begehen eine vierzigtägige Fastenzeit, die am Aschermittwoch beginnt und bis kurz vor Ostern, bis zum Gründonnerstag oder Karfreitag, dauert. Diese Fastenzeit heißt bei evangelischen Christen auch Passionszeit, in der römisch-katholischen Kirche österliche Bußzeit. In der Fastenzeit sind Fleisch und Alkohol verboten. Darum war die Fas(t)nacht diejenige Nacht, in der noch einmal nach Herzenslust geschlemmt werden durfte, bevor das Fasten begann.

Würfelclown

Ein spannendes Kreisspiel für die bunten Tage

Das macht Riesenspaß und ist außerdem ganz schön spannend: Denn wer das Clownspuzzle vollendet und die letzte Sechs würfelt, der ist Würfelkönig. Ganz nebenbei entsteht beim Würfeln ein buntes Clownsgesicht.

ab 4 Jahren

Das brauchen Sie

- **dünne Pappe oder Tonkarton**
- **Filzstifte und Holzstifte**
- **einen Bleistift**
- **Scheren**
- **Wolle (in Orange oder einer anderen auffälligen Farbe)**
- **eine Schale**
- **einen Pappteller, weißen Keramikteller oder eine runde Pappscheibe**
- **einen großen Würfel mit Augen von eins bis sechs**

Zeichnen Sie auf dünne Pappe oder Tonkarton zwei runde Clownsaugen, eine runde Clownsnase und einen lachenden Clownsmund. Schneiden Sie diese Teile aus. Die Kinder malen den Kreis für die Nase rot an, in die anderen Kreise malen sie die Augen. Den Mund einfach rot anmalen. Nun schneiden Sie auch noch zwei abstehende Ohren, eine „Fliege“ oder Schleife aus und malen sie ebenfalls an. Alle ausgeschnittenen Teile und ein Büschel oder Knäuel Wolle (am besten in Orange oder einer anderen lustigen Clownshaarfarbe) kommen in eine Schale.

Zum Spielen stellen Sie die Schale in die Kreismitte. Daneben legen Sie einen leeren Pappteller, einen großen weißen Keramikteller oder einfach eine Scheibe aus Pappe. Das erste Kind im Kreis beginnt nun zu würfeln. Würfelt es eine Sechs, darf es ein Teil aus der Schale auswählen und auf die Pappscheibe oder den Teller legen, etwa ein Segelohr, das es dann am Rand des Tellers als Ohr platziert. Nur die Haare dürfen erst ganz zum Schluss angelegt werden. Würfelt der Spieler eine andere Zahl, gibt er den Würfel an das nächste Kind weiter. So geht es weiter, bis die Kinder nach und nach alle Teile ausgelegt haben, sodass ein Clownsgesicht entsteht. Wer am Ende die Sechs würfelt, wenn nur noch die Haare fehlen, darf die Wolle auf oder um das Gesicht des Clowns legen. Dieser Spieler ist an diesem Tag der Würfelkönig und darf sich etwas wünschen (etwa ein Lied oder das nächste Spiel).

Konfetti!

Ein närrisches Mitzählfingerspiel

Für dieses Fingerspiel sollten die Kinder schon ein bisschen zählen und rechnen können. Wer dann gut aufpasst und alle Zahlen behält, der weiß am Ende die richtige Antwort.

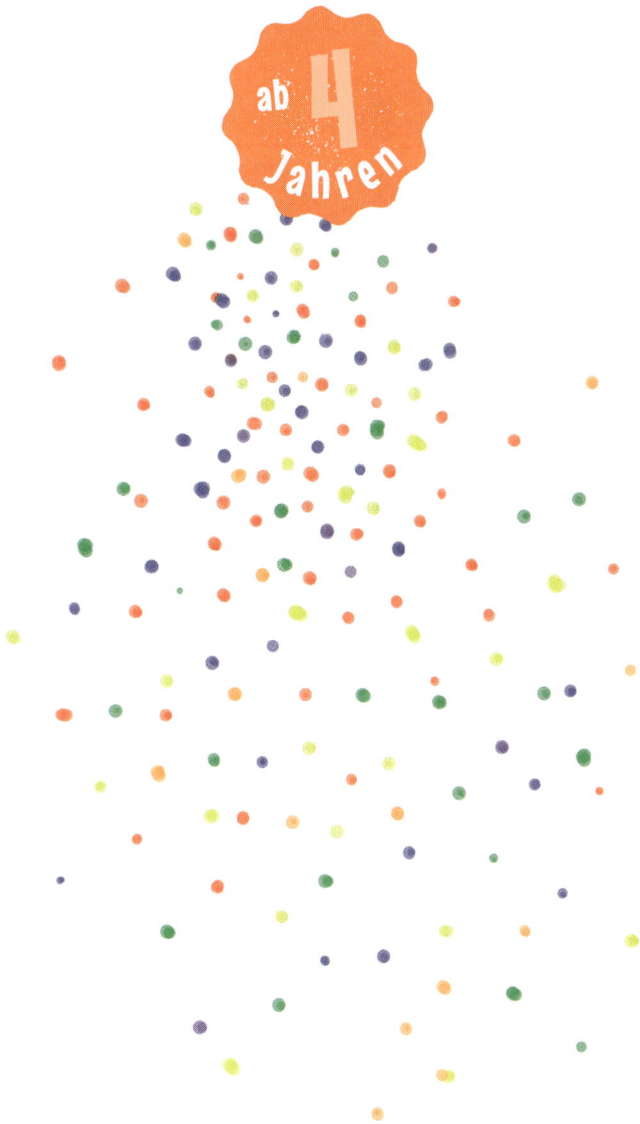

Das brauchen Sie

- **nach Wunsch: einige bunte Knöpfe für den Tipp**

Konfetti, Konfetti, die wirbeln umher,
niemand kann sie zählen, das ware zu schwer.
mit den Fingern das Wirbeln des Konfettis nachstellen

Zwei fallen gerade auf deine Hand,
eine Zwei mit den Fingern zeigen

drei landen draußen im Sandkastensand.
eine Drei mit den Fingern zeigen

Eins setzt sich noch auf deinen Hut,
eine Eins zeigen

wie viele sind das? Wer's rät, der ist gut!
gemeinsam alle Zahlen noch einmal nennen, zusammenzählen, die Antwort rufen

Tipp

Sie können das Konfetti auch durch Knöpfe symbolisieren und auf diese Weise noch einmal nachzählen: zuerst zwei Knöpfe hinlegen, dann drei, dann noch einmal einen Knopf. Jetzt können die Kinder die Knöpfe zählen und so zum richtigen Ergebnis gelangen.

Hilfe, die Nase ist weg!

Ein Aufpassspiel am Tisch

Der Clown hat in diesem Spiel seine rote Clownsnase verloren. Wer schnell ist, kann die Clownsnase fangen. Bei diesem lustigen Tischspiel ist neben Reaktionsgeschwindigkeit auch genaues Hinhören gefragt.

Das brauchen Sie

- **einen rot angemalten Tischtennisball als Clownsnase**

ab 2 Jahren

Die Kinder stellen sich um den Tisch herum. Sie lassen den Tischtennisball als Clownsnase auf dem Tisch herumhüpfen. Die Kinder passen auf, dass die „Nase" nicht auf den Boden rollt. Dabei können die Kinder die Nase auch hin- und herschicken und sich gegenseitig zuspielen. Dazu können Sie gemeinsam diesen Spruch sprechen:

Sie kullert und rollt auf dem Tisch herum,
der Clown sucht die Nase, ganz schön dumm.
Wer sie fängt, der hat heut' … Glück
und gibt sie dem Clown ganz schnell zurück!

Bei „Glück" versucht das Kind, in dessen Nähe die Nase gerade herumrollt, diese mit einer Hand zu fangen. Die andere Hand halten alle Kinder auf dem Rücken. Wer die Nase fängt, gibt sie an Sie als Spielleitung zurück und eine neue Runde kann beginnen.

Fünf feine Prinzessinnen

Ein Fingerspiel für kalte Faschingstage

ab 3 Jahren

An Fasching ist es draußen oft noch bitterkalt. Das erfahren auch die fünf Prinzessinnen in diesem Fingerspiel. Wie gut, dass ein Drache zur Stelle ist, der ein Feuer anzünden kann!

Fünf feine Prinzessinnen, die stehen im Wald,
es pustet der Wind so bitterkalt.

die Hand mit ausgestreckten Fingern hochhalten und auf die Finger pusten

Die erste sagt: „Ich geh wieder heim!“,
die zweite will auch nicht im Kalten sein.

Daumen und Zeigefinger einklappen

Die dritte fällt um, die vierte dazu,
die fünfte behält die Nerven und Ruh’.

Mittel- und Ringfinger einklappen

Sie ruft einen Drachen zum Feuermachen,

mit dem kleinen Finger wackeln

der speit eine Flamme aus seinem Rachen.

fauchen und speien wie ein Drache

Die erste Prinzessin kommt wieder zurück,
die zweite folgt ihr das kurze Stück,

Daumen und Zeigefinger wieder aufklappen

die dritte und vierte steh’n wieder auf,
dann wärmen sich alle am Feuer auf.

Mittel- und Ringfinger wieder aufklappen

„Vielen Dank, lieber Drache, fürs Feuer!“,
bedanken sich alle beim Ungeheuer.

winken

An Fasching werd' ich ...

Ein Mitmachlied zum Gut-Aufpassen

ab 3 Jahren

Dieses Lied können Sie einfach nach der Melodie von „Mein Hut, der hat drei Ecken" singen. Die Kinder begleiten das Lied mit passenden Bewegungen. Am Anfang ist das einfach, aber dann singen Sie immer schneller.

Beim Liedtext haben wir Ihnen Ideen für begleitende Bewegungen angegeben. Sie können mit den Kindern natürlich auch eigene Ideen entwickeln. Sie können außerdem weitere Kostüme ergänzen und selbst Strophen erfinden. Singen Sie das Lied einfach einmal ganz durch, dann können Sie es immer schneller und schneller singen.

An Fasching werd' ich Ritter,
auf der Stelle laufen

mit Helm und Schwert und Mut.
Helm pantomimisch aufziehen, ein Schwert mit den Händen zeigen

Dann rett' ich die Prinzessin,
pantomimisch das Schwert ziehen

ja, Fasching find ich gut.
jubeln

An Fasching werd' ich Elfe,
auf der Stelle Flugbewegungen machen

mit Flügeln, Zauberstab.
Flügel zeigen, einen Zauberstab pantomimisch „schwingen"

Dann schlaf ich in 'ner Blüte
die Hände unter dem Kinn wie zum Schlafen zusammenlegen

und werfe Staub hinab.
pantomimisch Elfenstaub austreuen

An Fasching werd' ich Jedi,
auf der Stelle laufen

mit Schwert und Mantel an.
Schwert und Mantel zeigen

Dann fliege ich ein Raumschiff,
Flugbewegungen

da hab' ich Freude dran.
jubeln

Ideen für die Faschingsparty

Eine kleine Faschingsfeier, bei der alle verkleidet sind, ist für die Kinder eine tolle Erfahrung: Mit Helau und Alaaf starten Sie mit diesen tollen Tipps und Ideen voller Freude in die Faschingsparty. Tanzideen, ein Schunkellied und Spiele zum Toben gehören dazu.

Auf dem wilden Meer

Ein Schunkellied zum Lachen und Freuen

ab 2 Jahren

Vielleicht kennen Sie das Mitmachlied „Ein kleiner Matrose"? Es wird zur Melodie von „Der Mai ist gekommen" gesungen und hat einen heute nicht mehr ganz kindgerechten Text. Das Lied „Auf dem wilden Meer" singen Sie einfach zur gleichen Melodie.

Die Kinder setzen sich auf dem Boden in zwei oder drei Reihen hintereinander. Zwischen den Reihen sollte etwas Platz sein. In jeder Reihe sitzen mindestens drei Kinder. Die Kinder einer Reihe hängen sich beieinander ein und schunkeln. Können die Kinder das einmal vormachen? Toll, dann können Sie jetzt auch dazu singen. Beim Lied schunkeln die Kinder zu den ersten beiden Zeilen. Können die Kinder auch „versetzt" schunkeln: die erste Reihe anders als die zweite (und/oder dritte)? Auf diese Weise können die Kinder das wogende Meer darstellen.

Ei wie wild ist nur heute das blaue, blaue Meer.
schunkeln

Es schwappt und es schwabbelt mit Wellen hin und her.
schunkeln

Da tanzen die Schiffe und manchmal fallen sie auch um,
sich umfallen lassen

da liegen Matrosen im Meer herum, herum.
auf dem Boden rollen

Eine Party im Weltraum

Eine „Party-Rakete“ für tolle Stimmung

ab 2 Jahren

Von null auf hundert in Partystimmung? Gerade die jüngeren Kinder brauchen einen kleinen Übergangsvers, mit dem sie sich auf eine Feier oder Party einstellen können. Dieses Mitmachgedicht begleitet die Kinder ähnlich wie die bekannten Party- oder Geburtstagsraketenreime in die Feierlaune.

Klettert schnell in die Rakete,
hier steigt gleich 'ne Riesenfete.

Kinder finden sich zusammen

Setzt euch hin, Motoren brummen,
Triebwerke an, man hört sie summen.

Kinder setzen sich auf den Boden und brummen leise

Zehn, neun, acht und sieben,
jetzt schnallt euch an, ihr Lieben!

das Anschnallen nachstellen

Sechs, fünf, vier und drei,
gleich zischt's und donnert's, seid dabei!

mit Händen und Füßen auf den Boden trommeln, erst leise, dann immer lauter

Zwei, eins, Feuer, wir fliegen,
erst im Sitzen, dann im Liegen.

im Sitzen Flugbewegungen machen, dann hinlegen

Jetzt kommen wir im Weltraum an,
docken an das Raumschiff dran.

aufsetzen

Steigt nur aus, die Party startet,
weil man im All schon auf uns wartet!

„aussteigen“

Wie schön, dass ihr gekommen seid!

Ein närrisches Begrüßungstanzlied

Wer möchtest du heute sein? Für dieses Begrüßungstanzspiel können sich die Kinder ein Kostüm überlegen, selbst wenn sie es an Fasching gar nicht wirklich anziehen werden/angezogen haben.

ab 3 Jahren

Versammeln Sie sich mit den Kindern in einem Stehkreis und singen Sie einfach zur Melodie von „Dornröschen war ein schönes Kind" die erste Strophe. Nun darf jedes Kind im Kreis zunächst sagen, wer es heute sein will/welches Kostüm es gern in der Fantasie tragen möchte. Dann singen Sie der Reihe nach für jedes Kind eine Strophe. Während des Singens können Sie den Text auch mit Bewegungen unterlegen und die Kinder in den Kreis hineinholen, bis am Ende alle Kinder erwähnt wurden.

Selbstverständlich können sich die Kinder selbst aussuchen, ob sie lieber Ritter/in oder Prinz/essin sein möchten.

Wie schön, dass ihr gekommen seid, -kommen seid, -kommen seid,
denn jetzt ist wieder Faschingszeit, Faschingszeit.

alle winken sich zu

Der Leon *(Namen des ersten Kindes einsetzen)* wird heut Ritter sein, Ritter sein, Ritter sein,
drum laden wir ihn zu uns ein: Komm herein!

die Kinder machen einladende Handbewegungen, Leon bzw. das betreffende Kind in den Kreis holen

Die Emmi wird Prinzessin sein, -zessin sein, -zessin sein,
drum laden wir sie zu uns ein: Komm herein!

wie oben und Emmi bzw. das betreffende Kind in den Kreis holen

Konfetti-Tanz

Eine laute und spaßige Tanzidee mit Musik

Wenn diese Ballons platzen, ergießt sich ein Konfettiregen über die Faschingsgäste. Einfach vorzubereiten, macht diese kleine Idee richtig Laune.

ab 4 Jahren

Das brauchen Sie

- **bunte Luftballons**
- **Trichter**
- **Konfetti**
- **CD-Spieler**
- **Lieblingspartymusik der Kinder**

Stecken Sie den Trichter in die Pusteöffnung eines Luftballons. Die Kinder füllen etwa ein bis zwei Esslöffel Konfetti in den Ballon. Trichter herausnehmen und Ballon vorsichtig aufpusten. Das Aufpusten übernehmen Sie in diesem Fall am besten selbst, da für die Kinder sonst Erstickungsgefahr bestehen könnte, wenn Konfetti in den Mund gerät. Alle so präparierten Ballons gut zuknoten und für den Partytanz bereithalten.
Zur Lieblingsmusik tanzen die Kinder im Raum. Nun werfen Sie die Ballons direkt in die Tanzenden. Beim Platzen lassen sie ihre bunte Pracht über die Gäste regnen!

Tipp

Pusten Sie die Ballons dick auf, damit sie empfindlicher auf Berührungen/Quetschen reagieren und schneller platzen!

Rucki, zucki

Ein Bewegungslied zum Gleichmitmachen

Auch dieses Bewegungslied folgt einem bekannten Faschingslied, das Sie sich im Internet in vielen verschiedenen Varianten anhören können. Unsere Variante ist einfach, die Kinder müssen sich dabei nicht zu viel drehen oder zu lange im Kreis gehen und auch hier ist genaues Aufpassen gefragt, damit kein Körperteile-Durcheinander entsteht!

ab 4 Jahren

Stellen Sie sich mit den Kindern in einen lockeren Stehkreis. Singen Sie zur Melodie des bekannten Faschingsliedes „Rucki, zucki" den Refrain, die einzelnen Strophen können Sie einfach rhythmisch sprechen. Dabei führen Sie die im Text erwähnten Bewegungen aus: Bei „gehen runter, wieder hoch" gehen alle kurz in die Hocke. Bei „stampfen laut" wird fleißig gestampft usw. Nach „Rucki, zucki" dreimal rhythmisch in die Hände klatschen. Auf diese Weise können Sie mit den Kindern noch weitere Strophen und Bewegungen dazuerfinden.

Erste Strophe

Wir gehen runter, wieder hoch,
denn das macht uns Spaß.
Dann machen wir's gleich noch einmal.
Ja, wir können das!

Refrain:
Rucki, zucki, *(dreimal klatschen)*
rucki, zucki, *(dreimal klatschen)*
rucki, zucki,
schaut her, wir können das!

Zweite Strophe

Wir stampfen laut im Kreis umher,
denn das macht uns Spaß.
Dann machen wir's gleich noch einmal.
Ja, wir können das!

Die Faschingszeit ist bunt

Ein Tanzlied für viel Bewegung

Bewegung im Stehkreis gefragt? Zu einer einfachen selbst ausgedachten Melodie können Sie dieses kleine Tanzlied singen und mit den passenden Tanzbewegungen begleiten. Nehmen Sie auch einige Luftschlangen mit dazu!

ab 3 Jahren

Wir tanzen und wir singen,
auf der Stelle tanzen

wir lärmen und wir klingen.
in die Hände klatschen

Wir dreh'n uns rund und rund,
einmal auf der Stelle im Kreis drehen

die Faschingszeit ist bunt.
wieder in die Hände klatschen

Wir springen und wir stehen,
auf der Stelle hüpfen, dann stehen

wir laufen und wir gehen.
auf der Stelle gehen

Wir dreh'n uns rund und rund,
einmal auf der Stelle im Kreis drehen

die Faschingszeit ist bunt.
in die Hände klatschen

Wir trampeln und wir stampfen,
auf der Stelle stampfen

wir trinken und wir mampfen.
pantomimisch das Essen oder Trinken nachmachen

Wir dreh'n uns rund und rund,
einmal im Kreis drehen

die Faschingszeit ist bunt.
in die Hände klatschen

Luftballon-Tango

Tanzideen für die Faschingsparty

Stimmung auf die Tanzfläche bringen Sie ganz einfach mit Luftballons. Schüchterne Kinder trauen sich dann häufig eher, sich zur Musik zu bewegen. Sie können die Luftballons natürlich einfach auf der Tanzfläche oder im Raum verteilen. Oder Sie bringen etwas Struktur und garantiert viele Lacher in die Runde, wenn Sie diese Spiel- und Tanzideen vorschlagen.

ab 3 Jahren

Material

- **Viele Luftballons, fertig aufgepustet und verknotet**
- **CD-Spieler mit Kindertanzmusik**

Spielidee 1: Baby-Ball

Immer zwei Kinder finden sich zu Tanzpaaren zusammen. Jedes Paar bekommt einen Ballon als Baby. Dieser Ballon darf beim Tanzen nicht zu Boden fallen. Die Tänzer können ihn beispielsweise beim Tanzen zwischen sich einklemmen oder ihn vorsichtig abwechselnd halten. Allerdings sollten die Baby-Ball-Eltern schon tanzen, nicht einfach stehen bleiben. Für Kinder nicht immer ganz einfach, vor allem, wenn Sie die Lieblingsmusik der Kinder einlegen.

Spielidee 2: Ballon-Polonaise

Die Kinder bilden eine Polonaise und bewegen sich zur Musik durch den Raum. Wenn dies gut gelingt, nehmen die Kinder in der nächsten Runde Luftballons mit dazu. Zunächst hält jedes Kind einen Ballon mit einer Hand fest, während es sich mit der anderen Hand an der Schulter seines Vordermanns festhält. In der nächsten Runde wird der Körperkontakt und damit die Polonaise nur durch die zwischen den Tänzern eingeklemmten Ballons gehalten.

Spielidee 3: Mister und Miss Luftballon

Stellen Sie den Kindern auf einem Tisch Permanent-Marker (wischfeste Filzstifte) in Schwarz, etwas Klebestreifen, Klebstoff, Tonpapier- und Wollreste, Schleifenbänder und Kordeln zur Verfügung. Jedes Kind darf einen Ballon als Gesicht gestalten, beispielsweise mit Augen, Schnurrbart, Schleife – je nach Ideen des Kindes. Alle Luftballongesichter nehmen am großen Luftballongesicht-Wettbewerb teil. Der Gewinner (Hersteller des lustigsten – nicht schönsten – Gesichts) darf in der nächsten Tanzrunde die Musik aussuchen.

Luftballon-Tennis

Ein Bewegungsspiel für die Faschingszeit

ab 4 Jahren

Richtig wild und lustig wird es an Fasching mit Luftballonspielen. Weil viele dieser Spiele schon sehr bekannt sind, finden Sie hier ein etwas sportlicheres Spiel für ältere Kita-Kinder.

Material

- **1 Schnur oder Wäscheleine**
- **Viele Luftballons**
- **Suppenkellen, Schaumlöffel und ähnliche Küchenutensilien**

Die Luftballons aufpusten und die Leine so spannen, dass sie etwas über den Köpfen der Kinder hängt. Die Kinder bilden zwei Mannschaften – in der Faschingszeit können auch Kostüm-Mannschaften gebildet werden, beispielsweise wenn alle Ritter und Prinzessinnen als Burgleute ein Team bilden oder alle Marienkäfer und Bienen das Insektenteam. Jeder Mitspieler darf sich einen Löffel oder eine Kelle aussuchen. Dann geht es los. Ein erster Luftballon wird von Ihnen ins Spielfeld geworfen. Die beiden Teams müssen nun versuchen, den Luftballon ins gegnerische Feld zu bekommen. Dazu dürfen sie ihn allerdings nicht mit den Händen berühren, sondern nur mit den „Schlägern". Berührt der Luftballon den Boden eines Teamspielfelds, bekommt die gegnerische Mannschaft einen Punkt.

Variationen

Ohne Kellen, Löffel und Co. (möglicherweise Verletzungsgefahr) geht's auch: Einfach mit den Händen spielen oder den Ballon nur durch Pusten bewegen. Spannender und schwieriger wird's, wenn Sie mehrere Ballons in die Spielfelder geben.

Hündchen-Plumpsack

Ein Kreisspiel für viel Bewegung mit Knalleffekt

Das gute alte Plumpsack-Kreisspiel kennen Sie bestimmt noch aus Ihrer Kinderzeit. Hier ist das Spiel etwas lustiger und lauter variiert, indem zwei Plumpsäcke mit Luftballon-Hündchen in Umlauf gebracht werden. Das Spiel macht auf der Faschingsparty oder in der Faschingszeit Spaß, bringt aber auch Spaß und gute Laune in jeden „normalen" Morgenkreis.

Material

- **Fertig aufgepustete Luftballons**
- **Schnur oder Kordel**

Knoten Sie an einem Luftballon ein Stück Schnur fest. Fertig ist das Hündchen. Das Hündchen begleitet den Plumpsack, der jetzt seine Runde um den Stehkreis beginnt. Wie beim echten Plumpsack-Spiel singen die Kinder den hier etwas abgewandelten Reim: „Dreht euch nicht um, denn der Plumpsack geht herum, wer sich umdreht oder lacht, hat ans Hündchen nicht gedacht." Das Kind, das den Plumpsack spielt, klopft, das Hündchen/den Luftballon an der Leine/Kordel führend, einem der Kinder im Stehkreis von hinten auf die Schulter. Die beiden Kinder starten nun in entgegengesetzte Richtungen eine Runde um den Kreis. Wer als Erster wieder am Ausgangspunkt angekommen ist, nimmt den Platz ein und gibt das Hündchen gegebenenfalls weiter. Hat der Plumpsack verloren, muss er in einer weiteren Runde um einen Platz im Kreis kämpfen. Wer das Hündchen beim Laufen aus Versehen zum Platzen bringt, muss sich ein neues Hündchen anschaffen und bekommt einen neuen Ballon mit Schnur. Schwieriger, lauter und lustiger wird das Spiel, wenn Sie zwei Kinder und damit zwei Plumpsäcke um den Kreis gehen lassen.

Die Prinzessin ist verschwunden

Eine Mitmachgeschichte für die Faschingszeit

Kann eine Prinzessin einfach sang- und klanglos verschwinden? In dieser Detektiv- und Mitmachgeschichte finden die Kinder es bald heraus. Aber zuerst müssen sie durch den Grimmriesenwald und vorbei an der Wisperhexe. Bewegung für jeden (Faschings-) Tag oder für die Faschingsparty.

ab 3 Jahren

Material

- **1 Prinzessinnenkrone**
- **1 Brief, selbst gestaltet, beispielsweise einen rosafarbenen Briefumschlag mit goldenen Sternchen und einem kleinen Zettel darin**

Bevor Sie starten, gestalten Sie den Prinzessinnenbrief. Brief und Krone legen Sie griffbereit zur Seite. Dann geht's los:

Kinder, hört mal zu, die Prinzessin Liesel ist fort. Wir müssen sie sofort suchen, denn es ist möglich, dass sie entführt wurde. Nur ihre Krone ist noch hier, seht ihr? Wollt ihr mir helfen?

den Kindern die Krone zeigen

Als Erstes gehen wir durch den Grimmriesenwald. Wilde, zottelige Riesen hausen hier. Sie stampfen von einem auf das andere Bein, hin und her. Könnt ihr das auch? Dann halten uns die Riesen nämlich auch für Riesen.

die Kinder stampfen wie die Riesen mit den Beinen und verlagern dabei das Körpergewicht

Kommt schnell weiter. Hier ist die Prinzessin wohl nicht. Wir wandern tiefer in den Wald hinein. Wir steigen über umgestürzte Baumstämme. Da müsst ihr ganz große Schritte machen.

die Beine ganz hoch heben und große Schritte machen

Jetzt sind wir ganz tief im Wald. Hier haust die Wisperhexe. Darum dürfen wir hier nur flüstern und müssen ganz, ganz leise sein. Kommt, wir schleichen etwas näher!

flüstern und leise schleichen

Oh je, die Wisperhexe hat uns gehört. Da kommt sie schon aus ihrem Haus und wirft mit Zaubersprüchen um sich. Schnell, verstecken wir uns!

hinter einem Tisch oder einem anderen Möbelstück verstecken

So, die Luft ist rein. Die Wisperhexe ist verschwunden. Schnell, kommt weiter, wir sind gleich an der Drachenhöhle angelangt. Hier wohnt der Drache Feuermaul. Wir laufen im Zickzack darauf zu. Falls der Drache uns gesehen hat, kann er uns so nicht mit seinem Feuer treffen. Lauft am besten hinter mir her.

im Zickzack rennen

Puh, jetzt haben wir die ganze Höhle durchsucht. Und auch hier ist die Prinzessin nicht. Aber was ist denn das? Da liegt ja ein Brief. Wartet, ich lese ihn vor. Da steht: „Hallo, ich bin's, die Prinzessin Liesel. Ich bin auf einer Faschingsparty gewesen und jetzt wieder zu Hause im Schloss. Es ist also alles in Ordnung. Der Drache Feuermaul fliegt euch nach Hause. Er ist ganz lieb, ihr könnt euch einfach von ihm fliegen lassen."

Na, das ist ja eine Überraschung. Kommt, steigt auf den Drachenrücken, wir fliegen heim!

den Kindern den Brief zeigen, gemeinsam die Arme ausbreiten und durch den Raum segeln

Tipps und Variationen

Wenn den Kindern die Geschichte gefallen hat, dann führen Sie sie ruhig öfters durch. Sie können mit den Kindern noch weitere Abenteuer dazuerfinden. Wie wäre es, wenn statt der Prinzessin der Drache verschwindet (oder ein Alien oder ein Ritter) und alle Kinder beim Suchen helfen? Vielleicht versteckt sich die vermisste Person/das vermisste Tier im Wichtelgebirge, wo man gut klettern können muss, oder die Kinder laufen oder robben mit Schwimmbewegungen durch die Schwarzwassermoore? Da haben die Kinder sicherlich noch viele Ideen.

Faschingsdekorationen & -rezepte

Närrische Einladungskarten, coole Tischdeko mit Konfetti-Effekt und ein leckerer Helau-Kuchen warten hier auf Sie und Ihre Kinder und machen das Faschingsfest zu einer gelungenen Party für Klein und Groß.

Du bist eingeladen!

Eine bunte Einladung zur Faschingsfeier

ab 2 Jahren

Da kommen Ihre Gäste ganz bestimmt gern zur Faschingsfeier. Diese Einladung in Form eines Luftballons macht gleich gute Laune. Das Beste ist: Die Einladungen sind schnell gemacht!

Das brauchen Sie

- **bunten Tonkarton in vielen Farben (etwa DIN A5)**
- **Scheren**
- **Locher**
- **Geschenkband oder Dekoschnüre**
- **bunte Klebepunkte**
- **Klebstoff**

Zeichnen Sie auf einem Bogen Tonkarton (etwa DIN A5) einen großen Luftballon auf und schneiden Sie ihn aus. Der Luftballon kann das ganz Blatt ausfüllen. Diese Schablone können die Kinder auf weiteren Bogen mit einem Stift umfahren, ausschneiden und so viele bunte Luftballons herstellen. Unten in den „Knoten" der Luftballons können die Kinder mit dem Locher ein Loch einstanzen. Durch dieses Loch können Sie verschiedene bunte Schnüre oder Geschenkbänder führen und verknoten. Eine Seite der Ballons bekleben die Kinder mit bunten Klebepunkten. Auf der Rückseite können Sie Ihren Einladungstext aufkleben oder aufschreiben.

Tipp

Statt mit Klebepunkten können die Kinder die Luftballons auch mit vielen bunten Fingertipsern mit Fingerfarbe verzieren. Statt als Einladungen können Sie die Ballons auch als Dekoration für den Gruppenraum verwenden. Schön sieht es auch aus, wenn jedes Kind ein Foto von sich auf einen Ballon in seiner Lieblingsfarbe klebt.

Konfetti-Vasen

Tischdeko zum Verlieben

ab 3 Jahren

Das macht jeden Partyraum direkt bunt und fröhlich: Diese kleinen Vasen können Sie als Teelicht- oder LED-Halter benutzen oder einfach als Vase. Dazu kommt ein toller Libellenstab als Hingucker.

Das brauchen Sie

- **Konfetti**
- **eine flache Schale oder Auflaufform**
- **hohe Einmachgläser ohne Deckel (etwa von Würstchen, Spargel oder Oliven) für Vasen und normalgroße Einmachgläser ohne Deckel für die Lichter**
- **Kleister**
- **dicke Malpinsel**
- **Eisstiele oder unbemalte Essstäbchen aus Holz**
- **Fingerfarben**
- **Glitzerfolie oder dünnes Papier**
- **Scheren**
- **Chenilledraht**
- **schwarze Bastelperlen**
- **Klebstoff**

Schütten Sie das Konfetti in eine flache Schale oder in die Auflaufform. Die Kinder bestreichen die Gläser mit Pinseln mit Kleister und wälzen sie dann im Konfetti. Nun müssen die Vasen oder Lichtgefäße erst gut trocknen. In der Zwischenzeit können Sie die Stäbe herstellen. Dazu malen die Kinder die Eisstiele oder Essstäbchen mit Fingerfarben an und lassen auch sie gut trocknen. Aus Folie oder dünnem Papier schneiden Sie für die Kinder Quadrate aus (etwa 8 x 8 cm). Immer um ein Quadrat in der Mitte ein Stück Chenilledraht wickeln, sodass eine Schleife oder „Fliege" entsteht. Die Enden des Drahtes als Fühler abstehen lassen und je eine Perle aufstecken. Die so gestalteten Flügel mit Fühler auf ein Stäbchen aufkleben. Nun können Sie die Vasen mit kurz abgeschnittenen Frühblühern bestücken und den Libellenstab dazustellen. Als Lichter setzen Sie LEDs in die Gläser und stecken den Stab mit hinein. Falls Sie Teelichter benutzen, darf der Stab natürlich nicht mit ins Glas!

Last-Minute-Kostüme

Tolle Ideen für schnelle Verkleidungen

Es muss nicht immer ein ganzes Faschingskostüm aus dem Spielzeugladen sein. Viele dieser gekauften Kostüme sind von schlechter Qualität, laden sich schnell elektrisch auf und enthalten Giftstoffe in Plastikteilen oder im Stoff (Farbstoffe usw.). Mit selbst gebastelten Verkleidungsideen – und seien sie auch noch so simpel – haben Kinder oft genauso viel oder sogar noch mehr Spaß. Hier verraten wir Ihnen einige simple Ruckzuck-Tricks, mit denen Ihre Kinder bestimmt viel Freude haben.

Zottelbär & Co.

Ein altes großes Badetuch (am besten in Grau, Braun, Beige oder Schwarz) in der Mitte mit einer Öffnung für den Kopf versehen. Das Kind zieht das Tuch einfach über den Kopf und hält es an der Hüfte/um den Bauch mit einem Gürtel fest. Dazu die Haare verstrubbeln und nach Wunsch das Gesicht bemalen, fertig ist ein Troll, Riese, Zottelbär oder Räuber.

Fühler und Antennen

Um einen Haarreifen doppelt gedrehte Chenilledrähte wickeln und die Enden nach oben abstehen lassen. Die Farbe der Drähte kann dem Kostüm entsprechen: Marienkäfer wählen schwarze Fühler, Aliens lilafarbene oder grüne Antennen und Feen oder Elfen schmücken sich vielleicht mit weißen oder rosafarbenen Fühlern. Am Ende der Drähte können Sie Bastelperlen oder aus Moosgummi ausgeschnittene Herzen, Blüten, Blitze oder Sterne befestigen.

Schneckenhäuser

Für ein Schneckenhaus einfach eine große Lage Packpapier ausrollen, leicht knüllen und dann zu einer Spirale oder einem Schneckenhaus zusammenrollen. Die Rolle auf ein rechteckiges Stück Pappe in Rucksackgröße kleben. Oben und unten an der Pappe Löcher anbringen und Stoffstreifen hindurchziehen. Nun kann das Kind das Schneckenhaus wie einen Rucksack anziehen. Dazu passen auch die Fühler.

Lieblingsessen

Ich werde an Fasching einfach mein Lieblingsessen – geht das? Auf diese Frage können Sie mit einem klaren „Ja!" antworten. Dazu schneiden Sie in einen großen Karton mit Deckel oben und unten Öffnungen, sodass das Kind den Karton „anziehen" kann. Die Vorder- und Rückseite des Kartons kann das Kind nun ganz nach seinen Ideen gestalten: Für eine Pizza einen Kreis und Salamischeiben aufmalen, für Spaghetti Käseschnüre aus Wolle aufkleben usw.

Süße Burger

Eine verrückte Leckerei fürs Faschingsbüfett

Burger mit Patty und fettiger Soße kennt jeder. Diese Burger sind frisch mit Obst belegt und schmecken einfach himmlisch. Eine etwas andere Süßigkeit für die fünfte Jahreszeit.

Das brauchen Sie

- **Mini-Burger-Brötchen (aus dem Supermarkt), ersatzweise andere kleine, weiche Brötchen**
- **Vanille- oder Schokopudding**
- **nach Wunsch: bunte Zuckerstreusel**
- **Bananen**
- **Kiwis**
- **Äpfel**
- **Zimt**
- **nach Wunsch: Trauben**
- **nach Wunsch: Burgerspieße oder Zahnstocher**

Die Brötchen nach Wunsch kurz antoasten oder im Ofen knusprig aufbacken. Für einen Schoko-Bananen-Burger schneiden Sie ein Brötchen auf und bestreichen es nicht zu dick mit Schokopudding. Nach Wunsch können Sie noch Zuckerstreusel aufstreuen. Die Bananen in Scheiben schneiden und drei oder vier Bananenscheiben auflegen. Die Kiwis schälen und ebenfalls in Scheiben schneiden. Eine oder zwei Kiwischeiben auflegen, obere Brötchenhälfte wieder aufsetzen. Falls nötig und gewünscht, können Sie den Burger zusammenhalten, indem Sie einen Spieß oder Zahnstocher einstecken, auf den Sie noch nach Wunsch eine Traube aufstecken können. Für einen Vanille-Apfel-Zimt-Burger bestreichen Sie die Brötchenhälften mit Vanillepudding und belegen sie mit Apfelspalten, auf die Sie etwas Zimtpulver stäuben.
Alle Burger auf einer Platte oder einem Teller anrichten und nach Wunsch mit Zuckerstreuseln bestreuen.

Tipp

Ihre Kinder können die Burger auch selbst zubereiten und dabei neue Varianten erfinden. Später im Jahr schmecken auch Vanille-Erdbeer-Burger!

Helau-Kuchen

Eine Schlemmerei für viele Kinder

ab 3 Jahren

Dieser Kuchen reicht für viele Faschingsgäste und sieht einfach toll aus. Die Kinder können viel mithelfen und dem Kuchen sein spezifisches Äußeres geben.

Das brauchen Sie

Für den Kuchen:

- **375 g Butter oder Margarine**
- **350 g Zucker**
- **1 Päckchen Vanillezucker**
- **6 Eier**
- **1 Prise Salz**
- **500 g Mehl**
- **1 Päckchen Backpulver mit Safran (Backabteilung)**
- **6 Esslöffel Wasser oder Milch**
- **Speisefarben Rot, Blau und Grün**

Für die Verzierung:

- **2 Zitronen**
- **2 Päckchen Puderzucker**
- **bunte Zuckerkonfetti oder -streusel**
- **bunte Fruchtgummischnüre oder -schlangen**

Den Ofen auf 180 °C vorheizen. In einer großen Schüssel verrühren die Kinder die Butter mit dem Zucker und Vanillezucker – am besten mithilfe eines elektrischen Rührgerätes. Die Eier und das Salz dazugeben und gut verrühren. Das Mehl mit dem Backpulver mischen und portionsweise unterrühren, dabei Wasser oder Milch zugeben. Ein tiefes Backblech mit Backpapier auslegen. Den Kuchenteig nun auf vier Schüsseln verteilen: Ein Teil vom Teig bleibt in der Rührschüssel, die anderen Teile in drei weitere Schüsseln geben. Den Teig in den Schüsseln nun mit den Speisefarben rot (Schüssel 1), grün (Schüssel 2) und blau (Schüssel 3) einfärben. Der Teig in der ursprünglichen Rührschüssel ist dank des Safrans im Backpulver schon schön gelb. Die Kinder schütten nun den Teig auf das Backblech, wobei sie immer größere Kleckse von jeder Mischung kunterbunt durcheinander auf das Blech setzen. Der Kuchen muss etwa 20 bis 30 Minuten backen, bis er leicht goldbraun ist.

Nach dem Abkühlen pressen die Kinder die Zitronen aus und verrühren den Saft mit dem Puderzucker. Mit diesem Guss den Kuchen bestreichen. Vor dem Trocknen noch Zuckerkonfetti aufstreuen. Die Schnüre oder Schlangen als Luftschlangen um den Kuchen herumdrapieren. Beim Anschneiden hat nun jedes Kuchenstück ein lustiges buntes Teigmuster.

Salzige Krabbler

Wenn Cracker knackige Beinchen bekommen

Es muss nicht immer süß sein? Diese salzigen No-bake-Cracker-Spinnen sind ein leckerer Snack und gleichzeitig ein echter Hingucker.

Das brauchen Sie

- **Cracker (rund oder eckig)**
- **Frischkäse**
- **schwarze Oliven**
- **Salzstangen (nach Wunsch ohne Salz)**

Bestreichen Sie immer einen Cracker mit etwas Frischkäse. Legen Sie als Beine acht kleine Salzstangen auf, sodass die „Beine“ nach außen abstehen. Dann den zweiten Cracker einfach oben drauflegen und etwas andrücken. Je nach Größe Ihrer Cracker können Sie auch große Salzstangen verwenden. Als Augen geben Sie zwei kleine Kleckse Frischkäse oben auf den Cracker und stecken zwei kleine Stücke schwarzer Olive darauf. (Ja, klar: Spinnen haben acht oder noch mehr Augen. Falls es also ganz genau sein soll: Setzen Sie die gewünschte Anzahl Spinnenaugen drauf!)

Dino-Pflanzen und verrückte Äpfel

Ruckzuck-Rezeptideen für die fünfte Jahreszeit

Manchmal bleibt einfach keine Zeit, um für die Party ein tolles Büfett herzurichten. Dann helfen diese kleinen Turbo-Ideen für bunte Schlemmereien. Aber auch als kleiner Snack oder als Überraschung für die Kinder sind die schnellen Leckerbissen geeignet.

Das-geht-immer-Snack: Pizzagesichter

Runde Toastbrötchen durchschneiden und mit der aufgeschnittenen Seite nach oben auf ein mit Backpapier ausgelegtes Backblech legen. Etwas Tomatensoße aufstreichen und eine kleine Prise Pizzagewürz aufstreuen. Streukäse darübergeben. Als Augen zwei grüne Paprikastücke auflegen, darauf als Pupillen zwei kleine Stücke Olive legen. Als Nase eine ganze Olive (grün oder schwarz) dazulegen. Den Mund bildet ein längliches Stück rote Paprikaschote. Alles bei 180 °C Umluft ganz kurz überbacken, bis der Käse verläuft und das Brötchen knusprig wird.

Süßes für die Party: Faschingsäpfel

Erwärmen Sie im Wasserbad dunkle oder helle Kuvertüre (oder beides – je nach Geschmack der Kinder). Kleine Äpfel auf Ess- oder Schaschlikspieße stecken und kurz in die flüssige Schokolade tunken. Danach in Zuckerstreuseln, gehackten Nüssen oder Mandeln wälzen, trocknen lassen.

Fürs Büfett: Dinosaurierland-Platte

Kleine Schnitzel in Dinosaurierform (aus der Tiefkühltheke) nach Packungsanweisung im Ofen knusprig aufbacken. Auf einem Tablett Salatblätter auslegen. Aus Möhrenschnitzen, Basilikumblättern und Schnittlauchstängeln legen die Kinder Bäume und Pflanzen auf das Salatbett. Dann die Dinosaurier dazulegen, sodass sie an den Pflanzen „knabbern" können.

Zum Reinbeißen: Gesunde Stapel-Burger

Aus runden Pumpernickelscheiben, runden Crackern, Frischkäse, frischen Kräutern, runden Tomatenscheiben und rund ausgeschnittenen oder ausgestochenen Käse- und Wurstscheiben bauen sich die Kinder einen leckeren Stapel-Burger: einfach das, was schmeckt, übereinanderlegen. Die Burger sehen toll auf dem Büfett aus, sollten aber bald gegessen werden!

Frühling

Tschüss, Winter – hallo, Frühling! Mit diesen tollen Ideen zur Verabschiedung der kalten Jahreszeit können sich alle gemütlich auf das Frühjahr einstimmen und das Erwachen der Natur gebührend feiern. Aber wie riecht der Frühling und wie klingt er wohl? In diesem Kapitel können die Kinder die Geräusche des Frühlings einfangen und damit Geschichten erzählen oder Hörbilder erstellen. Und zum guten Schluss laden kleine Frühlingsspiele Sie und Ihre Kinder zum Toben, zum Entspannen und zum Mitmachen ein.

Tschüss-Winter-Ideen

Mit einer Polonaise den Winter verabschieden, kleine Frühlingsrätsel lösen oder einen Schnuppergang unternehmen: Hier sind die Kinder dem Frühling auf der Spur – und freuen sich auf die neue Jahreszeit und ihre kleinen und großen Wunder.

Ciao-Winter-Polonaise

Ein Quer-durch-die-Kita-Tanz mit Lärm und Getöse

Nicht gerade zur Schlafenszeit der Krippenkinder sollten Sie diese etwas geräuschvolle Polonaise oder Parade unternehmen. Ansonsten steht dem Spaß nichts im Wege. Machen Sie auch selbst mit und genießen Sie das ausgelassene Laut-sein-dürfen.

Material

- **Krachmach-Material wie Topfdeckel, Ratschen, Tröten, Pfeifen, Trommeln aller Art und nach Kita-Vorrat**

Bilden Sie mit den Kindern eine Polonaise. Bei dieser Variante halten sich die Kinder nicht aneinander fest, sondern sie gehen einfach hintereinander her, damit sie die Hände für ihre Lärminstrumente frei haben. Führen Sie selbst oder eine Kollegin den Umzug an. Nach einiger Zeit kann ein Kind die Führung übernehmen. Ihre Aufgabe ist es dann, alle Personen, die Ihren Weg kreuzen, mit in die Polonaise aufzunehmen. Wer kein Instrument hat, kann auch einfach in die Hände klatschen. Dazu singen alle gemeinsam den Ciao-Winter-Song nach der Melodie von „Bruder Jakob“ und machen nach eigenen Ideen Lärm oder Untermalung dazu:

Lieber Winter, lieber Winter,
tschüss, bis bald,
tschüss, bis bald!
Hörst du, wie wir klingen,
tanzen und auch singen.
Kling, klang, klong.
Kling, klang, klong.

Frühling im Sack

Frühlingsrätsel für Hände und Augen

Was hat denn die Weihnachtsbaumkugel im Frühlingssäckchen zu suchen? Mit diesen kleinen Tasträtseln begeben sich die Kinder auf eine spannende Suche nach dem Frühling.

Das brauchen Sie:

- **1 Fühlsäckchen**
- **Zum Befüllen: Naturmaterialien wie Blüten, Gras und Moos, Spielzeugfiguren von Blumen, Osterhasen, Hühnern, Hähnen, Schmetterlingen, Küken, kleine verpackte Ostereier, …**
- **Zum Rätseln außerdem: Fühlmaterialien, die nicht in den Frühling gehört, beispielsweise Eiskristalle aus der Weihnachtsbaumdekoration, Sterne, Mini-Weihnachtsbaumkugeln, …**

Füllen Sie die Fühlmaterialien in das Fühlsäckchen. Dabei füllen Sie am besten je nach Alter und Entwicklungsstand Ihrer Kinder zunächst nur wenige Fühlmaterialien ein und nur solche Gegenstände, die etwas mit dem Frühling zu tun haben. Im Sitzkreis geben die Kinder dann das Säckchen rundherum. Jedes Kind darf einen Gegenstand ertasten, benennen und dann erst aus dem Säckchen ziehen und nachsehen, ob es richtig gelegen hat. Dann erklärt das Kind, was sein Gegenstand mit dem Frühling zu tun hat.
Als Nächstes mischen Sie die nicht zum Frühling passenden Gegenstände in das Säckchen. Nun können die Kinder alle Gegenstände auf einem Tablett oder Tisch ausbreiten und genau angucken. Finden sie durch Angucken heraus, welche Gegenstände hier falsch sind? In einer zweiten Fühlrunde können die Kinder per Tastsinn auf die Suche nach den eingeschmuggelten Gegenständen gehen.

Ein Blütenmeer an der Wand

Eine Dekorationsidee fürs Osterfest

ab 2 Jahren

Suchen Sie eine schnelle Dekoidee für große Wände im Gang, Eingangsbereich oder Gruppenraum? Bunt wird's mit Tapetenbahnen, die die Kinder mit den Händen bedrucken. Auf die gleiche Weise können Sie auch Geschenkpapier oder Tischdecken herstellen.

Material

- **Fingerfarben in Grün, Weiß, Gelb, Rot, Violett / Rosa, Blau, Orange**
- **Schwämmchen**
- **Pinsel**
- **Tapetenbahn**
- **Klebeband**

Die Tapetenbahnen passend für Ihre Wand zuschneiden und am besten auf dem Boden ausbreiten. Damit nichts verrutscht, können die Kinder die Bahnen mit etwas Klebeband auf dem Boden fixieren. Das Klebeband muss sich später natürlich rückstandsfrei wieder abziehen lassen!

Die Kinder betupfen, bestempeln und bepinseln die Bahnen nun zunächst durchgehend grün. Dazu können Sie Schwämmchen (Küchenschwämme und andere Schwämme aller Art) benutzen, aber auch Pinsel in unterschiedlichen Größen – je nach Ihrem Vorrat. Toll, wenn Sie den Kindern auch einmal größere Pinsel zur Verfügung stellen können. Die Farbe muss nun trocknen – eine Zeit, in der niemand auf dem Boden herumlaufen kann!

Nach dem Trocknen bemalen die Kinder eine Hand samt Fingern mit einer Lieblingsfarbe und drucken einen Handabdruck an einer Stelle auf die Tapete. Die Hand noch einmal mit der gleichen Farbe anmalen und wieder samt Fingern aufdrücken, diesmal etwas gedreht, sodass die Handflächen bei den Abdrücken immer aufeinanderliegen und die Finger nach und nach die Blütenblätter rund um das Innere bilden. Auf diese Weise können die Kinder lauter bunte Blumen aus Handabdrücken auf die Tapete drucken. Trocknen lassen und aufhängen. Fertig ist das Blütenmeer.

Der Blumenwecker

Ein Mini-Theaterstück mit Gesang

Auch im Morgenkreis funktioniert dieses kleine Theaterstück mit Gesang: Dann führen Sie es vielleicht einfach als Tanzlied mit Farbbegleitung vor. Für ein Oster- oder Frühlingsfest können Sie es mit den Kindern aber auch als kleine Darbietung gestalten oder – noch schöner – als Ritual mit kleinem Geschenk für die Eltern.

Material

- **Farbige Kreppbänder oder farbige Kleidung für die Kinder**
- **1 Wiese oder 1 große grüne Decke oder Matte**

ab 4 Jahren

Vorbereitung

Kennen die Kinder das Lied „Zeigt her eure Füße“? Nach der gleichen Melodie können Sie das Blumen-Lied singen. Die Kinder können sich eine Farbe (Rot, Gelb, Blau, Violett / Lila) aussuchen. In dieser Farbe bekommen sie ein Kreppband ums Handgelenk. Noch schöner sieht es aus, wenn die Kinder sich ganz in dieser Farbe kleiden können.

Alle bis auf ein oder zwei Kinder (die Blumenwecker) gehen auf der grünen Decke oder Matte als Wiese in die Hocke und ducken den Kopf. Sie selbst nehmen das einzelne Kind oder die beiden Kinder (den oder die beiden Blumenwecker) an der Hand und tanzen um die Blumen herum. Dazu singen Sie das Lied. Mit dem Lied wecken Sie nach und nach alle Blumen auf. In der ersten Strophe tanzen sie rund um die Blumen herum, ohne dass sie sich bewegen. In der zweiten Strophe stehen die „roten“ Kinder (Kinder mit roter Kleidung oder rotem Band) auf und strecken sich, drehen sich vielleicht einmal im Kreis. In der dritten gesellen sich dann die blauen Kinder dazu, bis schließlich alle Kinder stehen. In der letzten Strophe falten die Kinder die Hände über dem Kopf und gehen langsam wieder in die Hocke.

Als kleines Ritual

Auch als Ritual können Sie die Vorführung inszenieren. Dazu benötigen Sie zusätzlich einige selbst hergestellte oder eingekaufte Blumen oder Blumen in Blumentöpfen für die Eltern. Bei jeder Farbe bekommen einige Eltern eine Blume von den tanzenden Kindern oder Ihnen überreicht, bis am Ende alle Eltern eine Blume erhalten haben.

Zeigt her eure Blüten, zeigt her eure Pracht,
weil heute die Sonne vom Himmel dazu lacht.
Ihr Blumen, ihr Pflanzen, kommt, zeigt uns eure Pracht,
ihr Blumen, ihr Pflanzen, weil ihr uns Freude macht.

Zeigt her eure Blüten, so rot und schön und rund,
kommt, macht uns're Wiese nun wieder rot und bunt.
Ihr Blumen …

Zeigt her eure Blüten, so blau und schön und rund,
kommt, macht uns're Wiese nun rot und blau und bunt.
Ihr Blumen …

Zeigt her eure Blüten, so gelb und schön und rund,
kommt, macht uns're Wiese nun rot, blau, gelb und bunt.
Ihr Blumen …

Zeigt her eure Blüten, so violett und rund,
kommt, macht uns're Wiese rot, gelb, blau, lila, bunt.
Ihr Blumen …

Es regnet, es regnet, die Blumen werden nass.
Versteckt euer Köpfchen ganz schnell im dichten Gras.
Ihr Blumen, ihr Pflanzen, nun ist für heute Schluss,
weil jeder mal trinken und Pause machen muss.

Ostern und das (Wieder-)Erwachen der Natur

Die Christen feiern Ostern am ersten Vollmond nach Frühlingsanfang, genauer gesagt nach der Frühlings-Tagundnachtgleiche. An Ostern endet die traditionelle Fastenzeit. Um den Übergang zum „richtigen" Essen schonend zu gestalten, werden an Gründonnerstag (dem Donnerstag vor Ostern) noch einmal vor allem grüne Pflanzen gegessen.

Schon lange vor der Entstehung des Christentums feierten unsere Vorfahren Frühlingsfeste, die dem Erwachen der Natur gewidmet waren. Rund um die Frühlings-Tagundnachtgleiche und auch noch später um den 1. Mai sowie um den Pfingsttermin wurde ausgelassen gefeiert. Viele dieser Bräuche haben sich bis in die heutige Zeit gehalten und auch der Name „Ostern" leitet sich von dem der Frühlingsgöttin Ostara oder Austro ab, deren heiliges Tier der Hase war.

Herausfinden, wie der Frühling riecht

Ein Schnupper-Spaziergang

Der Frühling riecht manchmal zu Beginn gar nicht fein: Wie im Herbst mieft es jetzt nach verrottenden Pflanzenteilen, die nach der Schneeschmelze vor sich hin faulen. Das ändert sich, wenn es wärmer wird und die Frühlingsblumen ihren Duft verströmen. Höchste Zeit für einen Schnupper-Spaziergang!

Das brauchen Sie:

- **Naturführer**
- **Notizblock**
- **Stifte**

Starten Sie Ihren Spaziergang am besten am Waldrand oder entlang von Gärten oder Parks. Hier finden Sie gleich mehrere Dufterlebnisse. Jetzt im Frühling blühen Bäume, Sträucher, Frühblüher und einige frühe Kräuter. Einige intensive Duftverströmer stellen wir hier vor:

- **In Hecken und am Waldrand:** Schwarzdorn/Schlehen: Der Strauch trägt weiße, kirschblütenähnliche Blüten. Je nach Lage duften die Blüten mandelartig oder blumig frisch.
- **In Gärten und Beeten:** Hyazinthen: Ganz früh im Jahr erfreuen die prachtvollen Riesenblüten Schnuppernasen und Augen mit tollen Farben von Pink bis Dunkelblau und intensivem süßen Blütenduft
- **Am Waldrand:** Knoblauchrauke sieht zwar aus wie ein Unkraut, aber schon beim Zerreiben zwischen den Fingern verströmt die ab April blühende Pflanze ihren intensiven Knoblauchduft. Blüten und Blätter sind essbar!
- **In Hecken und im Wald:** Holunder: Der Duft ist süßlich-herb. Ab Mai blüht der Holunder mit seinen großen weißen, doldenähnlichen Blüten.
- **In Gärten und im Park:** Weißer und lila Flieder duften sehr intensiv. Verantwortlich dafür ist das Fliederaldehyd, das man in Reinform isoliert und für Parfums verwendet.

Notieren Sie die Lieblingsduftpflanzen der Kinder. Haben die Kinder zurück in der Kita Lust, ein Riechbild zu malen? Darauf zeichnen sie die Blüten ein, die ihrer Nase am besten gefallen haben. Nehmen Sie dazu einige wenige Blüten mit in die Kita.

Blumenwiesentablett

Ein Minibüfett mit lauter gesunden Sachen

Rohkost und etwas Käse tummeln sich auf einem großen Tablett – aber nicht einfach so! Mit etwas Fantasie legen Sie eine ganze Wiesenlandschaft daraus. Toll, wenn viele Kinder mithelfen.

Das brauchen Sie

- **Salatgurke**
- **Schnittlauch**
- **dünne, lange Paprikaschoten in Rot und Gelb**
- **Gouda in Scheiben**
- **Ausstechförmchen**
- **Kräuterfrischkäse**
- **Salzstangen**
- **Karotte**

Aus der Salatgurke lange, dünne Streifen als Blumenstängel ausschneiden und auf das Tablett legen. Weitere dünnere Stängel aus Schnittlauch dazulegen. Als Blütenköpfe die dünnen Paprikaschoten in Ringe schneiden (sie sehen wie Blumen aus) und als Blüte an die Stiele legen. Die Enden der Paprikaschoten als Kelchblüten ebenfalls an die Enden der Stiele anlegen. Aus Gouda mit kleinen Ausstechförmchen kleine Herzen und Sterne ausstechen und bunt auf dem Tablett verteilen.

Neben dem Tablett auf dem Geburtstagstisch nach Wunsch noch eine Schale mit Kräuterfrischkäse zum Dippen und ein Glas mit Salzstangen oder Möhrensticks aufstellen.

Frühlings-
musik

Ein musikalischer Ausflug auf die Frühlingswiese gefällig? Während eines Hörspaziergangs und mithilfe von Klanggeschichten werden Blüten und Gräser, Käfer und andere kleine Wiesenbewohner zum Leben erweckt.

Wenn die Käfer schlafen gehen

Eine Klanggeschichte, um zur Ruhe zu kommen

Wo schlafen denn eigentlich Käfer und all die anderen kleinen Tiere, die auf der Wiese leben? In dieser Geschichte erfahren es die Kinder. Jedes Tier wird dabei mit Klang in den Schlaf begleitet.

ab 2 Jahren

Das brauchen Sie

- **Für jedes Kind ein Klanginstrument nach Vorrat oder Wunsch**

Sprechen Sie den Reimtext mit leiser, geheimnisvoller Stimme. Zur ersten Strophe erklingt noch kein Instrument. Die Schnecke Isabell wird als Erstes zu Bett gebracht. Die Kinder spielen zuerst laut, dann leiser, dann noch leiser auf ihren Instrumenten, dann verklingen alle Geräusche und Sie sprechen: „Gute Nacht, Isabell!“ Dann verfahren Sie in der nächsten Strophe beim nächsten Tier genauso, bis Sie zum Schluss ganz, ganz leise flüstern und kein Instrument mehr erklingt.

Der Tag vergeht, die Nacht kommt nun,
die Tierchen wollen jetzt bald ruh’n.

Die kleine Schnecke Isabell
kuschelt sich ins Häuschen schnell.
Gute Nacht, Isabell!

Es huscht ganz schnell der Käfer Kurt
unter ein Blatt mit einem Spurt.
Gute Nacht, Kurt!

Der Schmetterling Herr Flügelmann
drückt sich an einen Grashalm an.
Gute Nacht, Herr Flügelmann!

Die kleine Spinne Frau Klitzeklein
hängt sich in ihr Netz hinein.
Gute Nacht, Frau Klitzeklein!

Und auch der Wurm Herr Witzelpatz
sucht sich zum Schlafen einen Platz.
Gute Nacht, Herr Witzelpatz!

Der Tag vergeht, die Nacht kommt nun,
die Tierchen wollen jetzt bald ruh’n.

Frühlingssturm auf der Wiese

Eine Klanggeschichte von der Leise-Wiese

ab 4 Jahren

Diese Klanggeschichte können die Kinder schon bald allein nachspielen. Flüstern Sie zu Beginn der Geschichte!

Das brauchen Sie

- **Einen echten Löwenzahn zum Anschauen**
- **Löwenzahn: Hylofon**
- **Wind, Sturm und Orkan: Handtrommel**
- **Grillen: Guiros**
- **Bienen und Wespen: Rasseln**
- **Spinnen: Klanghölzer**
- **Schnecke: Triangel**

Die Kinder ordnen den einzelnen Rollen in der Geschichte (den Wiesentieren und dem Löwenzahn) am besten selbst und nach eigenen Ideen Klanginstrumente zu. Wenn Sie nicht sehr viele Instrumente zur Auswahl haben: Seien Sie kreativ und setzen Sie Geräuschemacher ein: Spinnen können Sie vielleicht durch knisterndes Backpapier darstellen, den Wind und Sturm mit der eigenen Stimme nachmachen, genauso die Bienen und Wespen (durch Summen). Guirogeräusche lassen sich prima nachmachen, wenn man mit einem Stift über eine geriffelte Fläche fährt.
Dann kann es schon losgehen. Sie können die Geschichte auch nach Ihren eigenen Bedürfnissen kürzen (wenn etwa jüngere Kinder mitmachen) und einige Wiesenbewohner weglassen oder erweitern durch Schmetterlinge, Marienkäfer und weitere Wiesentiere.

Es war einmal ein Löwenzahn.

ein einzelner Schlag auf dem Xylofon

Er lebte auf der Leise-Wiese. Hier war alles ganz, ganz leise: Grillen zirpten nur ganz leise, …

leise und sanft über die Guiros streichen

Bienen und Wespen summten nur ganz, ganz leise, …

leise rasseln

Spinnen webten leise, leise ihre Netze, …

Klanghölzer leise und langsam

Schnecken krochen ganz, ganz leise an den Halmen der Pflanzen hinauf.

Triangel

Die kleine Löwenzahnblüte strengte sich mächtig an, um größer zu werden, und schon bald bildete sich ganz oben an ihrem Stängel eine kleine grüne Knospe.

aufsteigende Tonfolge mit kräftig angespieltem letzten Ton

Nach einigen Sonnentagen öffnete sich die Knospe und eine schöne knallgelbe Blüte entfaltete sich.

einzelner hoher Ton

Nach einigen weiteren Sonnentagen begann die Blüte zu welken und es bildete sich eine Pusteblume.

mehrere helle Töne

Der Wind spielte vorwitzig mit den Blumen und Pflanzen auf der Leise-Wiese.

leise mit den Fingerspitzen über die Trommel streichen

Er pustete eine Grille um, …

Guiro spielen und plötzlich verstummen

blies eine Biene von einer Blüte herunter, …

rasseln und plötzlich verstummen

er pustete ein Loch in eines der Spinnennetze

Klanghölzer spielen und plötzlich verstummen lassen

und eine Schnecke musste sich richtig gut am Blumenstängel ankleben, damit sie nicht vom Wind weggeweht wurde.

Triangel

All das geschah natürlich ganz, ganz leise. Aber eines Tages wurde aus dem Wind ein starker Wind und aus dem starken Wind ein Sturm und aus dem Sturm ein Orkan.

zunächst Trommel nur mit den Fingerspitzen spielen, dann lauter werden, schließlich ganz laut trommeln

Der Orkan blies die Grillen hoch in die Luft, …

Guiro

er fegte Bienen und Wespen weg, …

rasseln

pustete Spinnen samt ihren Netzen davon.

Klangghölzer

Nur die kleine Schnecke konnte sich gerade noch unter einigen Wurzeln verkriechen und wurde nicht weggepustet.

Triangel

Und der kleine Löwenzahn? Der wurde ganz schön durcheinandergewuselt. Tja, Löwenzähne sind ziemlich zähe und starke kleine Pflänzchen, die auch ein Orkan nicht umhaut.

mit dem Klöppel auf dem Xylofon hinauf und hinab streichen

Als der Orkan vorbei war, wurde es wieder leise auf der Wiese.

mit der Trommel von ganz laut bis ganz leise spielen

Die Grillen zirpten wieder ganz leise, …

leise auf dem Guiro spielen

die Bienen summten fast lautlos um die Blumen herum, …

leise rasseln

die Spinnen webten sich neue Netze, so leise wie nie zuvor.

leise Klanghölzer anspielen

Die Schnecken waren in ihrem Verstecken eingeschlafen, wachten nun wieder auf und machten sich auf den Weg zu frischen grünen Stängeln und Blättern, die sie abknabbern konnten, langsam und natürlich ganz, ganz leise.

Triangel

Der Löwenzahn hatte an seiner Pusteblume alle Schirmchen verloren, aber kaum war es wieder einige Tage sonnig, da bildeten sich neue Pusteblumen, und wenn ein sehr kleiner Wind mit ihnen spielte, dann surrten die Pusteblumenschirmchen davon – und zwar ganz, ganz … leise.

eine absteigende Tonfolge auf dem Xylofon spielen

Frühlingshörbild

Ein gemalter Hörspaziergang

ab 3 Jahren

Für diese kleine Kreativ- und Sinnesaktion brauchen Sie kaum mehr als Papier, Farben und ein Stückchen Wald oder Wiese. Natürlich können Sie Hörbilder auch für alle anderen Jahreszeiten anfertigen.

Das brauchen Sie

- **Malpapier für alle**
- **Farben nach Ideen der Kinder (Filzstifte, Buntstifte, Kreiden, Wasser-, Finger- oder Aquarellfarben)**
- **nach Wunsch: Pinsel**
- **Notizblock und Stift**

Unternehmen Sie mit den Kindern einen Hörspaziergang in den Wald, Park, Garten oder auf eine Wiese. Dort bleiben alle ganz still und lauschen. Notieren Sie, was man hier hören kann. Die Kinder sollten aber nach Möglichkeit selbst herausfinden und benennen, was alles hörbar ist, beispielsweise Vogelgezwitscher oder Vogelgekrächze oder auch das Klopfen eines Spechts (welcher Vogel könnte das sein?), Wind, Autolärm, Insekten (Summen, Zirpen), Geraschel (kleine Tiere im Unterholz: welche könnten das sein?), Flugzeuge, Werkzeuge, Baumaschinen, …

Zurück in der Kita zeichnen oder malen die Kinder ein Hörbild, auf dem alle Hörerlebnisse aufgemalt werden, also etwa ein Rabe im Baum, Autos, ein Flugzeug, ein Grashüpfer. Dabei muss das Hörbild nicht dem Gesehenen entsprechen, etwa der Wiese oder dem Wald, sondern es dürfen einfach alle Geräusche zusammen aufs Blatt kommen. Auf diese Weise entstehen sehr künstlerische und etwas andere Bilder.

Noch mehr Ideen

Im Nachgang können Sie mit den Kindern auch besprechen, welche Geräusche angenehm und welche nicht so schön waren. Was war interessant oder geheimnisvoll, was eher störend? Welches Geräusch hat den Kindern am besten gefallen?

Die Wiese erwacht

Eine Klangreise durch die Frühlingswiese

Auch dieser kleine Klangspaziergang durch die Frühlingswiese eignet sich für eine Vorführung beim Osterfrühstück. Dazu können Sie den Text nach eigenen Ideen, Alter und Entwicklungsstand der Kinder kürzen, verändern oder mit weiteren selbst ausgedachten Wiesenbewohnern ergänzen.

Material

Für jeden Wiesenbewohner ein Klanginstrument nach Vorrat, beispielsweise:

- **Hummeln: Holzblock**
- **Grashüpfer: Guiro**
- **Käfer: Klanghölzer**
- **Vögel: Triangel**

Beim Vertonen der Reime sollten die Kinder selbst Ideen entwickeln. Es bietet sich an, dass sich die Kinder zunächst an die Klanginstrumente gewöhnen können und experimentieren, wie man mit ihnen laut und leise spielen kann. Dann setzen Sie die Instrumente einfach je nach Vorkommen im Text ein, laut und leise. In den beiden Eingangs- und Abschlussstrophen können alle Instrumente zusammenklingen.

Im Frühling möcht' ich so gerne geh'n,
eine Frühlingswiese im Sonnenschein seh'n.

Hör nur, hör, wie es zirpt und klingt,
erst leise, dann lauter, die Wiese: Sie singt!

Hummeln brummen und freuen sich,
erst leise, dann lauter, für dich und für mich.

Grashüpfer hüpfen und freuen sich,
erst leise, dann lauter, für dich und für mich.

Käfer schwirren und freuen sich,
erst leise, dann lauter, für dich und für mich.

Wildbienen summen und freuen sich,
erst leise, dann lauter, für dich und für mich.

Frösche quaken …
Schnecken tanzen …
Vögel zwitschern …
Wühlmäuse quieken…
Maulwürfe buddeln …
Grillen zirpen …

Hör nur, hör, wie es zirpt und klingt,
erst lauter, dann leise, die Wiese: Sie singt!

Frühlings-spiele

Mit Streichelgedichten und Massageideen können sich die Kinder ganz entspannt auf den Frühling einlassen. Aber auch mit einer Rückwärtsrakete und einer Bewegungsgeschichte lässt sich der Frühling willkommen heißen.

Ein Tag bei den Frühlingsfeen

Eine Massagegeschichte zum Erholen

ab 3 Jahren

Mit Massagegeschichten können die Kinder herrlich in die Ruhe finden, denn zusätzlich zur sanften Berührung gibt es hier noch eine Geschichte, mit der die Kinder ihre Fantasie auf die Reise schicken können. Hier lassen sich die Kinder von den Frühlingsfeen entführen.

Das brauchen Sie

- **Nach Wunsch leise Entspannungsmusik**
- **CD-Spieler**
- **Matten oder Matratzen**

Die Kinder legen mit Ihrer Hilfe die Matratzen aus. Stellen Sie nach Wunsch leise die Musik an. Die Kinder finden sich zu Paaren zusammen. Ein Partner legt sich auf den Bauch auf eine Matte, der andere Partner massiert den Rücken. Nach einer Runde wechseln die Partner die Rollen. Führen Sie die passenden Bewegungen für die Kinder aus, damit die Kinder Sie nachmachen können. Dazu massieren Sie eine Kollegin oder ein Kind. Die Kinder können natürlich auch sitzen bleiben und sich gegenseitig massieren.

Heute ist es wieder einmal spät geworden auf der Frühlingswiese, denn die Frühlingsfeen haben viel zu tun. Sie fliegen umher, um die Wiesenbewohner zur Ruhe zu bringen, damit endlich die Nacht kommen kann.

ganz leicht mit den Fingern über den Rücken streicheln

Zuerst fliegen die Feen zu den Wichteln. Die Wichtel hüpfen auf der Wiese umher. Aber die Feen berühren sie mit ihrem Zauberstab und die Wichtel werden müde und suchen sich eine große Blüte, in der sie die Nacht über schlummern.

mit den Fingern auf den Rücken tippen, dann immer langsamer werden und aufhören

Dann fliegen die Feen weiter, denn jetzt sind die Zwerge dran. Die picken und hacken noch immer in der Erde auf der Suche nach Edelsteinen. Auch die Zwerge werden jetzt müde und gehen heim in ihre Wohnungen unter der Erde.

mit den Fingern sanft piksen und sanft zwicken, dann immer sachter piksen und aufhören

Als Nächstes fliegen die Feen zu den Riesen. Die Riesen stampfen im Wald umher, doch kaum haben die Feen sie berührt, fallen sie um, dass die Erde nur so bebt, und beginnen zu schlafen.

mit den Fäusten sanft auf den Rücken drücken, dann immer weniger drücken, dann aufhören

Puh, das war anstrengend. Jetzt sind nur noch die Nixen dran. Die Nixen schwimmen im See und kichern, weil sie sich gern Witze erzählen. Die Feen müssen hinabtauchen, damit sie die Nixen erwischen, aber kaum ist das gelungen, beginnen die Nixen im Wasser zu treiben und zu schnarchen.

mit den Fingern Schlangenbewegungen auf dem Rücken machen, dann immer zarter bewegen, dann aufhören

Müde und durchnässt sind die Feen jetzt. Sie schütteln sich trocken und dann … was glaubt ihr wohl? Dann sind auch die Feen müde. Sie kuscheln sich in ihre Feenbetten hoch oben in den Wipfeln der Bäume und in den Wolken und schlummern. Wenn ihr ganz, ganz leise seid, könnt ihr sie leise schnarchen hören.

wieder ganz sanft mit den Händen über den Rücken streichen

Kleine Blüte

Ein Streichelgedicht mit einer Wiesenblüte

ab 1 Jahr

Jetzt im Frühling lassen sie sich auf fast jeder Wiese blicken: Löwenzahn und Gänseblümchen machen die Wiesen bunt – und manchen Gärtner verrückt. In diesem kleinen Streichelreim spielt eine Blume von der Wiese die Hauptrolle.

Das brauchen Sie:

- **1 Blüte von Löwenzahn oder Gänseblümchen mit langem Stängel**

Begleiten Sie die Reime mit passenden Bewegungen mit Ihrer Blume und streicheln oder berühren Sie dabei das Kind. Das Kind oder die Kinder können die Reime bald selbst nachspielen. Der kleine Reim bietet sich damit für einen Ausflug auf die Wiese an oder die Kinder nehmen sich einige Blumen mit in die Kita.

Kleine Blume, lachst im Wind,
schwingst dich hin und her geschwind.

ganz unten am Stiel festhalten und anpusten

Kleine Blume, bist so schön,
könnt' kaum an dir vorübergehen.

die Blume kitzeln oder streicheln

Kleine Blume, streichelst mich,
das kitzelt mich ganz fürchterlich!

sich selbst oder das Kind mit der Blüte kitzeln

Der Siebenschläfer schlummert noch!

Eine Bewegungsgeschichte zum Entspannen

Im zeitigen Frühjahr erwachen die Tiere aus ihrem Winterschlaf. Doch nicht alle stehen so früh auf. In dieser Mitturngeschichte begleiten die Kinder die Tiere beim Aufwachen. Nur ein Tier, der Siebenschläfer, braucht noch etwas Zeit, denn er erwacht erst später. Darum dürfen die Kinder am Ende der Geschichte und der Bewegung noch etwas entspannen und ausruhen – genau wie der Siebenschläfer in der Geschichte.

Das brauchen Sie

- **Für jedes Kind eine Turnmatte**

Legen Sie die Turnmatten aus. Die Kinder stellen sich neben oder auf ihre Turnmatte, dann kann es schon direkt losgehen.

Im Frühling erwachen die Tiere aus ihrer Winterruhe oder ihrem Winterschlaf. Sie recken und strecken sich und gähnen. Dann probieren sie ihre Arme und Beine aus und machen die ersten Gehversuche. Noch ein bisschen wacklig nach der langen Schlafpause, aber es geht.

die Kinder recken und strecken sich, gähnen, laufen langsam im Raum umher: Können Sie nachmachen, wie man geht, wenn man gerade erst wach geworden ist?

Der dicke Igel Iggi schaukelt noch etwas auf dem Rücken vor und zurück, dann springt er auf und klatscht in die Hände. Jetzt wird er sich erst einmal etwas zu fressen suchen.

auf die Matte legen und mit angezogenen Beinen auf dem Rücken vor und zurück schaukeln, dann aufspringen und in die Hände klatschen

Das Eichhörnchen Aischa macht Morgengymnastik, um seine Gelenke fit für seinen

Klettersport zu machen. Es macht Kniebeugen und ein paar Hampelmänner, springt ein bisschen auf und ab und schüttelt Arme und Beine aus. Dann klatscht es in die Hände, denn jetzt wird es sich erst einmal einen hohen Baum für ein neues Nest suchen.

einige Kniebeugen machen, dann einige Hampelmänner, etwas auf und ab springen, Arme und Beine ausschütteln, dann in die Hände klatschen

Die kleine Maus Marie zwängt sich aus ihrem Loch, streckt sich so hoch sie nur kann, läuft auf der Stelle, dann rennt sie etwas auf der Stelle, um ihre Mäusemuskeln warm zu machen. Das ist wichtig, weil sie immer schnell rennen können musst, etwa wenn ein Raubvogel angreift. Dann klatscht sie in die Hände und beschließt, erst einmal die anderen Mäuse zu suchen.

sich ganz weit strecken, etwas auf der Stelle laufen, dann auf der Stelle rennen und in die Hände klatschen

Der Frosch Friedel schwimmt langsam aus dem Teich nach oben, klettert an Land und schüttelt das Wasser ab. Er macht ein paar versuchsweise Sprünge, zuerst mit beiden Beinen, dann mit einem Bein, dann geht er elastisch in die Hocke und wieder nach oben. Dann klatscht er in die Hände, denn jetzt wird er erst einmal eine leckere Fliege als Frühstück suchen.

Schwimmbewegungen machen, dann das Klettern nachstellen, sich schütteln, Sprünge ausprobieren: mit beiden Beinen, dann auf einem Bein, in die Hocke gehen, in die Hände klatschen

Die Eidechse Eidi krabbelt auf allen vieren aus ihrer Mauerritze und schnuppert. Sie legt sich auf den Boden und hebt nacheinander immer einen Arm und ein Bein an. Dann klatscht sie in die Hände, denn jetzt wird sie erst einmal ein Sonnenbad nehmen.

auf die Matte legen und nacheinander Arme und Beine abwechselnd anheben und sanft wieder ablegen, dann im Liegen in die Hände klatschen und noch etwas liegen bleiben

Nur im Nistkasten, in dem der kleine Siebenschläfer Siggi den Winter verbringt, bleibt es still. Denn Siggi schläft noch immer tief und fest. Und wisst ihr auch, woran das liegt? Siebenschläfer schlafen oft bis in den Mai hinein, denn sie mögen es schön warm und schlummern fast ganze sieben Monate im Jahr (von Oktober bis in den April oder Mai hinein) – woher sie auch ihren Namen haben. Also ganz leise, lasst Siggi noch etwas schlafen!

gemütlich hinlegen und etwas ausruhen

Die Tierkinder kommen heim

Eine Rückwärtsrakete für die Ruhe

ab 2 Jahren

Bestimmt kennen Sie die Geburtstagsraketen mit lautem Applaus für das Geburtstagskind. Bei dieser Rakete kommen die Kinder vom Lärm in die Stille. Dafür verwandeln sie sich in Küken, die am Ende des Tages in den Stall gerufen werden.

Das brauchen Sie

- **Blanko-Kärtchen in der Anzahl der Kinder**
- **Buntstifte**

Malen Sie mit den Kindern Tierkinder auf die Kärtchen, und zwar gleich viele Kärtchen mit Vogelkindern, mit Hühnerküken, mit Mäusekindern, Kätzchen und Ponys. Jedes Kind darf sich aus den Kärtchen ein Tierkind aussuchen. Im Sitzkreis können die Kinder erzählen, warum sie dieses Tier ausgesucht haben. Im folgenden Spiel sind die Kinder diese Tiere. Alle Kinder, die ein Küken ausgewählt haben, können vormachen, wie die Küken piepsen und sich dabei bewegen, etwa im Laufen mit den Flügeln (Armen) flattern. Die Mäusekinder machen vor, wie die Mäuse huschen und piepsen, die Kätzchen stellen sich dar, dann die Ponys und zum Schluss die Vogelkinder. Dann kann das Spiel starten. Zu Beginn des Spiels laufen alle Kinder im Raum herum und machen ihre Tierkindergeräusche und Bewegungen. Jedes Tier, das im Reimtext aufgerufen wird, setzt sich dann ruhig auf den Boden, also zuerst die Küken, dann die Mäuse, bis schließlich alle Kinder ruhig auf dem Boden sitzen.

Die Tiere toben im Hof umher,
juhu, das gefällt den Kleinen sehr.

Zuerst kommen die Küken jetzt in den Stall,
die kommen schon von überall.

Dann kommen die Mäusekinder ins Loch,
wo sind sie denn? Da sind sie doch!

Dann kommen die Kätzchen heim ins Nest,
kaum sind sie da, schon schlafen sie fest.

Die Ponys drängen sich an ihre Mamas heran,
sie schlafen gleich, das dauert nicht lang.

Die Vogelkinder fliegen zurück in ihr Nest,
denn jetzt ist es aus, das Tierkinderfest.
Gute Nacht!

Ostern

Ostern ist nicht nur ein Fest, sondern irgendwie fast auch eine eigene Jahreszeit. Damit die Kinder mit allen ihren Sinnen die Osterzeit genießen können, kündigen Sie das Fest am besten schon etwas vorher an: beispielsweise mit den Fingerspielen, Kreisspielen und Sinneserfahrungen aus diesem Kapitel. Für die jüngeren Kinder bietet sich der Osterhasen-Kniereiter an. Und dann können Sie im Osterspaß schwelgen, Ostereier-Rallyes durchführen, Marzipanmöhrchen und kleine Geschenke für die Kinder und/oder Familien selbst machen, Theater spielen und die Gaumenfreuden des Frühlings kennenlernen. Ostern ist einfach toll!

Finger- und Morgenkreis-spiele

Juhu, bald ist Ostern! Sind ihre Kinder auch schon aufgeregt, voller Vorfreude und können es kaum erwarten? Dann starten Sie doch mit diesen lustigen Kreis-, Kim- und Fingerspielen in die bunte Osterhasenzeit!

Küken im Versteck

Ein Versteck-Fingerspiel für die Kleinen

Gerade jüngeren Kindern macht dieses lustige Fingerspiel Freude, denn sie können in die Rolle des Kükens schlüpfen und sich verstecken – aber nur, bis Mama Henne kommt und das kleine Küken in den Arm nimmt.

Ein kleines Küken, das versteckt sich im Gras,
wenn alle nach mir suchen, juhu,
wird das ein Riesenspaß!

eine Hand mit gespreizten Fingern vors Gesicht halten

Ein Hälmchen weht davon im Wind!
„Nur schnell das Köpfchen ducken!",
denkt unser Hühnerkind.

den Zeigefinger einknicken und mit dem Daumen festhalten

Ein zweites Hälmchen knickt jetzt ein,
das kleine Hühnerküken
macht sich winzig klein.

den Mittelfinger einziehen, sich klein machen

Ein drittes Hälmchen biegt sich fort
und schon sieht man's viel besser
an diesem hellen Ort.

den Ringfinger einziehen, sodass jetzt nur noch der kleine Finger stehen bleibt

Das letzte Hälmchen ist noch da,
doch „Hatschi!" niest das Hühnerkind,
man sieht es jetzt: „Hurra!"

den kleinen Finger einknicken

Die Mama umarmt es und freut sich sehr
und das kleine Kükenkind
versteckt sich jetzt nicht mehr.

sich selbst umarmen

Wie riecht Ostern?

Ein kleines Kimspiel für zwischendurch

Bei Düften und Gerüchen scheiden sich die Gemüter. Manche Gerüche verbinden wir mit Erlebnissen – oder mit Jahreszeiten. Wie könnte denn wohl Ostern riechen? Und wie der Frühling? Mit diesem kleinen Spiel regen Sie die Kinder zum Herausfinden und Nachdenken an.

ab 4 Jahren

Das brauchen Sie

- Ein Päckchen Lebkuchengewürz
- Eine Zitrone
- Etwas Zahnpasta oder Pfefferminzöl
- Ein kleines Sträußchen Waldmeister oder Duftöl Waldmeister
- Zwei kleine Stückchen Schokolade
- Einige Blüten von stark riechenden Frühlingspflanzen (beispielsweise Hyazinthen)
- Tannennadeln
- Pappschachteln
- Wattepads
- Ein kleines Tablett
- nach Wunsch: Augenbinde

Die Kinder legen die Wattepads in die Pappschachteln. Dann bereiten Sie allein die Schachteln vor, indem Sie in jede Schachtel einen Duft geben (einige Tropfen Duftöl auf die Watte träufeln oder die Duftstoffe hineingeben).

Mit geschlossenen Augen oder mit der Augenbinde schnuppern sich die Kinder durch die Gerüche. Können die Kinder alle Düfte korrekt benennen? Welche Düfte gehören ganz sicher nicht zum Frühling und zu Ostern (Tannennadeln, Lebkuchengewürz, Pfefferminzöl). Welche dagegen könnten zu Ostern passen (Schokolade, Blüten, Waldmeister)? Können die Kinder die Schächtelchen nach Ostern und Nicht-Ostern ordnen? Welches ist ihr Lieblingsduft? Besprechen Sie die Eindrücke gemeinsam und erweitern Sie Ihr Riechspiel je nach Interesse der Kinder noch durch zusätzliche Düfte (Zwiebelstückchen, Knoblauch/Bärlauch, Orangenschalen, …). Können die Kinder jetzt die Frage beantworten, wie Ostern riecht?

Klingelding

Ein Kreisspiel für Osterkenner

Wer weiß viele Wörter, die mit „Oster“ beginnen? In diesem Kreisspiel raten und erfinden die Kinder mit Kling und Klang.

ab 5 Jahren

Das brauchen Sie

- **Luftballons**
- **Kleine Schellen oder Glöckchen**

Geben Sie einige Glöckchen in einen Luftballon und pusten sie ihn auf. Wenn die Kinder jetzt mit dem Luftballon spielen, klingelt es. Lassen Sie die Kinder dieses Spiel eine Weile genießen. Als Kreisspiel können Sie dann den Klingelspaß mit einer kleinen Raterunde verbinden.
Rollen Sie den Luftballon über den Boden einem Kind im Kreis zu. Alternativ können Sie den Ballon auch – je nachdem, was besser geht – werfen. Das Kind, das den Ballon fängt, muss ein Ding nennen, das mit „Oster“ beginnt, beispielsweise Osterhase, Osterglocke, Ostertischdecke, Osterfest, Osterei, Ostersonntag, Osterfrühstück, Ostergottesdienst, Osterfreude, … Die anderen Kinder dürfen helfen, wenn das Kind kein geeignetes Klingelding findet, das mit „Oster“ beginnt. Dann rollt oder wirft das Kind den Ballon zu einem anderen Kind im Kreis, das jetzt an der Reihe ist, sein Klingelding mit „Oster“ zu finden.

Variation

Statt mit „Oster“ können die Kinder dieses Spiel auch spielen, indem sie Klingeldinger finden, die mit „Frühlings“ beginnen, etwa Frühlingsblume, Frühlingsfee, Frühlingslied, Frühlingskräuter, …

„Osterhase, wo bist du?"

Ein Mitmachgedicht mit viel Bewegung

ab 2 Jahren

Was passiert, wenn schon Ostern ist, aber keine Spur vom Osterhasen zu finden ist? Dann wird die Frühlingsfee ein bisschen nervös – und sucht den Osterhasen überall. Ob die Kinder ihr in diesem Mitmachgedicht helfen möchten?

Heut gibt es viel zu tun,
die Frühlingsfee kann gar nicht ruh'n.

in die Hände klatschen

Der Frühling kommt ins Land geweht,
Blumen blühen, wohin man geht.

die Hand über die Augen legen wie beim Umhersehen

Die Frühlingsfee fliegt wild umher,
den Osterhasen finden ist ganz schön schwer!

die Arme ausbreiten und Flugbewegungen machen

Sie trippelt über Blüten und Blätter,
rennt umher bei jedem Wetter.

auf der Stelle trippeln, dann rennen

Sie schleicht sich um ein Spinnennetz,
wo ist der Hase denn bloß jetzt?

Schleichbewegungen machen

Sie stampft durch eine Schlucht mit Matsch.
„Osterhase, lass den Quatsch!"

auf der Stelle stampfen

Da kommt er doch und gibt die Hand:
„Hallo, bin heute mal im Land!"

die Kinder geben dem Nachbarn neben sich im Kreis die Hand

Gerade noch mal gut gegangen,
denn Ostern hat schon … angefangen!

den letzten Reim „angefangen" rufen die Kinder ganz laut

Osterhase, lauf!

Ein Kniereiter mit dem Osterhasen

Kniereiter sind nicht nur lustig und machen Spaß, sondern sie sind auch eine gute Gelegenheit für Körpernähe, Zuwendung und Geborgenheit im Einzelkontakt. In diesem Kniereiter hoppelt das Kind mit dem Osterhasen.

Der Osterhase hoppelt schnell,
es weht sein Osterhasenfell.

das Kind auf dem Schoß auf den Oberschenkeln oder Knien „reiten" lassen

Er springt über 'nen großen Stein,
fällt in eine Pfütze rein!

Kind hochhüpfen und zwischen die Beine rutschen lassen

Schnell rappelt er sich wieder auf,
Osterhase, eil dich! Lauf!

Kind wieder wie oben weiterreiten lassen

Eine Kurve und ums Eck,
um 'nen großen Wasserfleck.

Kind gut festhalten und zur Seite neigen

Dann endlich kann er langsam geh'n,
Osterhas', auf Wiederseh'n!

langsamer werden, gemeinsam winken

Das Hühnchen Hilde

Ein Fingerspiel für die Osterzeit

ab 1 Jahr

Dieses Fingerspiel können Sie mit den Kindern im Sitzkreis durchführen oder mit einem einzelnen Kind. Im Einzelkontakt kann das Kind Ihre Finger aus der Faust ziehen, wie unten beschrieben. Zum Schluss können die Kinder vormachen, wie kleine Küken ihrer Meinung nach piepsen.

Das Hühnchen Hilde brütet still.
die Faust einer Hand hochhalten
Ob ein Küken kommen will?
die Faust ans Ohr halten und horchen

Noch nichts zu sehen, es dauert noch,
die Faust öffnen und die leere Handfläche hochhalten
schwupps, jetzt klopft es aber doch!
mit der anderen Hand an die wieder geschlossene Faust klopfen

Das erste Küken schlüpft, juhu,
den Daumen aus der Faust hervorziehen
ein zweites, drittes, hallo, huhu!
Zeige- und Mittelfinger hervorziehen

Ein viertes und was ist denn jetzt passiert?
den Ringfinger hervorziehen
Ein fünftes kommt noch anmarschiert.
den kleinen Finger hervorziehen

Das ist ein Piepsen und Geschrei,
das Hühnchen denkt: Du liebe Zeit!
mit allen fünf Fingern wackeln

Triff den Hasen

Ein Geschicklichkeitsspiel für die Ostergäste

ab 3 Jahren

Auf einem Fest, bei dem Sie diesen Osterhasen aufstellen, steht niemand ratlos oder schüchtern herum, denn diese Freispiel-Station lässt sich immer wieder prima von Eltern, Kindern und Geschwistern bespielen.

Das brauchen Sie

- **Einen großen und einen etwas kleineren Korb**
- **Viel Karton oder Pappe (etwa von einer Umverpackung von Elektrogeräten)**
- **Stabile Scheren**
- **Bastelfarben**
- **Füllwatte**
- **Große Pinsel**
- **Klebstoff**
- **Klebestreifen**
- **Breites Geschenkband**
- **Viele kleine Bälle aller Art, Kunststoff-Ostereier, Papier- und Alufolienreste**

Auf den großen Karton- oder Pappbogen zeichnen Sie eine sitzende Osterhasenfigur mit ausgebreiteten Armen (etwa wie die Figur auf dieser Seite). Später befestigen Sie die Osterhasenfigur an Ihrem Korb so, dass der Korb wie ein Kängurubeutel am Bauch des Osterhasen auf dem Boden steht. Die Figur ausschneiden. Die Kinder bemalen den Osterhasen auf Vorder- und Rückseite mit brauner Bastelfarbe. Augen und ein Schnäuzchen aufmalen. Dem Osterhasen auf der Rückseite ein Schwänzchen aus weißer Füllwatte aufkleben. Ist der Osterhase gut getrocknet, können ihm die Kinder das Geschenkband als Schal oder Schleife um den Hals knoten. Gemeinsam befestigen Sie nun den Osterhasen am Korb. Die Arme sollen am Rand des Korbs liegen, der Korb mit dem Osterhasen sollte noch stabil auf dem Boden stehen können.

In den kleineren Korb sammeln die Kinder weiche, leichte Bälle, etwa Tischtennisbälle, weiche Stoffbälle, auch Bälle aus Zeitungspapier oder Alufolie, Watte, Styropor oder auch Kunststoff-Ostereier können verwendet werden.

Am Festtag oder während der Feier stellen Sie den Osterhasen mit seinem Korb auf. Wer schafft es, mindestens drei Bälle hintereinander in den Korb zu werfen? Auch Eltern und größere Geschwister sind hier aufgefordert, ihre Geschicklichkeit zu testen. Bei schönem Wetter kann der Osterhase draußen auf der Wiese zur Attraktion werden.

Kreativ- & Rezeptideen für Ostern

Ein Häschen im Gras als Dekoration oder lieber ein originelles Ostertütchen? Nachfolgend finden Sie kleine Dekoideen für die Osterzeit. Dazu gibt es noch Köstlichkeiten zum Verschenken – wenn sie nicht vorher aufgegessen werden.

Oster-Geschenktütchen

Eine besondere Verpackung für schöne Dinge

Diese kleinen Tütchen sind eine schöne Verpackung für Ostereier oder ein anderes kleines Geschenk. Sie sind schnell gefaltet und sehen toll aus.

ab 4 Jahren

Das brauchen Sie

- **Farbiges Geschenk- oder Bastelpapier (etwa DIN-A4)**
- **Klebstoff**
- **Scheren**
- **Klebestreifen**
- **Farbigen Tonkarton**
- **Klebstoff**
- **Geschenkkordel oder Geschenkband**
- **Locher**

Aus den Papierbogen falten Sie mit den Kindern oder Eltern eine Tüte. Dazu können Sie sich im Internet eine Vielzahl von Videoanleitungen ansehen, die sehr einfach sind. Hier finden Sie eine kleine gezeichnete Faltanleitung: Nehmen Sie das Blatt und falten Sie es so, dass ein Buch entsteht, bei dem ein kleiner Rand übersteht. Den Rand mit Klebstoff bestreichen, umfalten und aufs Buch aufkleben. Längs hinlegen und das untere Drittel oder Viertel nach oben falten. Die unteren Ecken bis fast (aber nicht ganz) zur Mitte falten und aufdrücken, sodass sie sich wie ein Schnabel auffalten. Den Schnabel platt falten, die untere Ecke nach oben bis etwas über die Mittellinie hinweg falten, wieder auffalten, mit Klebstoff bestreichen und ankleben. Die obere Ecke von oben genauso drauffalten und festkleben. Das Ganze noch zusätzlich mit etwas Klebestreifen fixieren. Nun wäre schon eine kleine Tüte fertig. Sie können noch Ränder falten, dann steht die Tüte besser und lässt sich besser befüllen. Dafür links und rechts je die Ränder längs falten und wieder aufklappen. Nun die Tüte öffnen und mit den Fingern die Falten aufdrücken und wieder einfalten.

Die fertigen Tüten können die Kinder mit aus Tonkarton oder gemustertem Karton oder Wellpappe ausgeschnittenen Ostereiern bekleben. Das obere Ende lochen und ein Geschenkband hindurchführen.

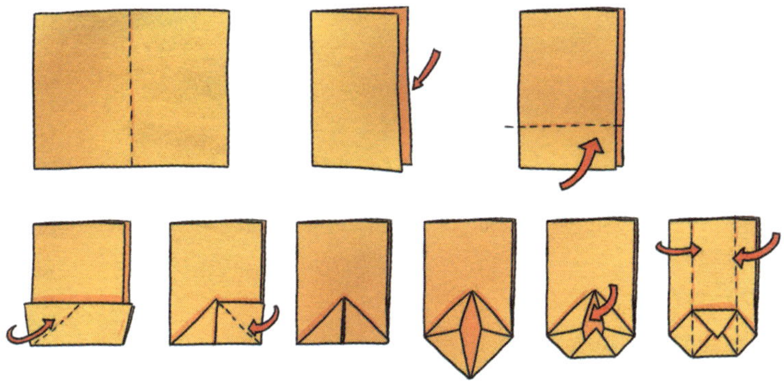

Ein Häschen steht im Grase

Ein Dekorierspiel mit Gesang

Ein kleines Ritual in der Osterzeit bietet diese gemeinsame Aktion, bei der nicht nur gesungen wird. Passend zum Lied dürfen die Kinder einen eigenen Ostertisch gestalten, indem sie nach und nach die Materialien darauf arrangieren.

Das brauchen Sie

- **Eine Ostertischdecke oder ein Stückchen grüner Filz**
- **Eine Osterhasenfigur (oder einen Schoko-Osterhasen)**
- **Deko-Materialien nach Wunsch, Geschmack und Vorrat, etwa kleine Blüten und Gräser (echt oder aus Kunststoff), kleine bunte Ostereier, Spielzeugfiguren von Hühnern, Küken und Hähnen usw.**
- **Ein Körbchen**

Breiten Sie die Decke oder den Filz (Letzteres als Wiese) auf der Fensterbank oder einem kleinen niedrigen Tisch aus. Jedes Kind darf sich einen Gegenstand aussuchen, den es gleich dekorieren möchte. Dann versammeln sie sich im Kreis und singen nach der Melodie von „Ein Männlein steht im Walde" das kleine Lied. Dazu stellen Sie die Osterhasenfigur auf die Decke / Wiese.

Ein Häschen steht im Grase
ganz still und stumm.
Es ist ganz alleine
und guckt sich gerne um.
Sag, wer mag dort hinten sein?
Dann wär ich nicht mehr ganz allein
auf der Osterwiese im Sonnenschein.

Im Anschluss dürfen die Kinder der Reihe nach ihre Osterdekorationen ergänzen und arrangieren, bis der gesamte Tisch / die Wiese geschmückt ist.

Variation

Sie können auch das Lied mehrmals singen: Nach jedem Durchgang darf ein Kind seine Deko-Materialien arrangieren. Dabei kann das Kind benennen, was es in der Hand hat, etwa: „Ich dekoriere ein Osterei." In dieser Variante kann jedes Kind sich auch mehrere Osterdekorationsstücke aussuchen.

Zauselküken

Eine Einladungskarte fürs Osterfest

Persönlich und individuell laden Sie die Eltern mit dem Küken zum Osterfest in der Kita ein. Die Kinder können den Großteil der Gestaltung selbst übernehmen. Falls die Karte haltbarer sein soll, können Sie sie zusätzlich laminieren.

Das brauchen Sie

- **Gelben oder cremefarbenen Tonkarton**
- **Orangefarbene Tonpapierreste**
- **Klebstoff**
- **Scheren**
- **Wackelaugen**
- **Gelbe Federn**
- **Geschenkband**

ab 3 Jahren

Mit Ihrer Hilfe zeichnen die Kinder einen Kükenumriss (einfach einen kleineren auf einen größeren Kreis) auf den gelben Tonkarton. Dieses Küken so oft herstellen, wie Sie Einladungskarten benötigen. Das Küken wird nun auf der Vorderseite ausgestaltet. Auf der Rückseite kann Ihr Text mit der Einladung (Datum, Zeit, Ort, …) aufgeklebt oder aufgeschrieben werden. Die Vorderseite können die Kinder nach eigenen Ideen gestalten. Beispielsweise können Sie Wackelaugen aufkleben und einen Schnabel und zwei Kükenfüße aus orangefarbenem Tonpapier. Das Küken kann um den Hals eine Schleife aus Geschenkband bekommen. Ganz oben am Kopf ein kleines Loch bohren. Die gelbe Feder hineinstecken und etwas auseinanderzauseln.

Soll die Karte laminiert werden, stecken die Kinder die Federn natürlich erst nachträglich ein und die Wackelaugen werden erst nach dem Laminieren aufgeklebt. Alternativ können Sie die Augen auch einfach aufmalen. Die Füße des Kükens ebenfalls später aufkleben. Sie können die Füße auch aus Filz ausschneiden.

Dreierlei Osterei

Eine Klappkarte für Ostern

ab 2 Jahren

Auch bei dieser Grußkarte erledigen die Kinder die Hauptarbeit und den Kreativteil. Aus wenigen einfachen Materialien entsteht hier eine kunstvolle Karte, die Sie als Gruß- oder Einladungskarte nutzen können.

Das brauchen Sie

- **Drei Bogen saugfähiges Malpapier**
- **Flüssige Bastelfarben in zwei oder höchstens drei Farben**
- **Wasser- oder Aquarellfarben**
- **Pinsel**
- **Farbigen Tonkarton oder vorgefertigte bunte Klappkarten (etwa DIN A5)**
- **Scheren**
- **Klebstoff**
- **Locher**
- **Geschenkband**
- **Zeitungspapier**
- **Papp- oder Kartonreste**
- **Bleistifte**

Einen Bogen gestalten die Kinder, indem sie farbige Fingertupfen aufbringen. Schön sieht es aus, wenn Sie cremefarbenes Malpapier wählen und die Kinder ihre Fingertupfen nur in einer oder zwei Farben aufbringen, etwa Orange und Rosa. Den zweiten Bogen gestalten die Kinder, indem sie sehr flüssige Wasser- oder Aquarellfarben mit dem Pinsel auf das Papier tröpfeln, noch mehr Wasser dazutröpfeln und alles ineinanderlaufen lassen. Den dritten Bogen auf eine Unterlage, etwa aus Zeitungspapier, legen. Mit den Pinseln nun nicht zu flüssige Farbe aufklecksen. Dazu den Pinsel in die Farbe tunken und dann dicht über dem Malpapier an einen Finger klopfen. Mit flüssigerer Farbe können die Kinder den Pinsel auch hin und her schwingen, sodass Tröpfchen und Kleckse auf dem Papier landen. Achtung: Hier besteht hohe Kleckserei-Gefahr – auch außerhalb des Blattes! Alle drei Bogen gut trocknen lassen. Aus Pappe oder Karton schneiden Sie für die Kinder eine Ei-Schablone (einfach ein Oval, etwa 5 bis 7 cm hoch) aus. Diese Schablone legen die Kinder auf die Bogen und schneiden viele unterschiedliche Eier aus.

Die Klappkarte quer nehmen und auf die Vorderseite je drei unterschiedliche Eier aufkleben. Die Karte an der Stelle Ihrer Wahl lochen und ein Stückchen Geschenkband hindurchführen. Schön sieht es aus, wenn die beiden Löcher nah beisammen sind und das Geschenkband zu einer Mini-Schleife gebunden wird. Fertig ist Ihre Osterkarte, die nun im Inneren auf Beschriftung wartet.

Variation

Die Kinder können einen der Bogen auch gestalten, indem sie ihn ganz wild mit Wachsmalkreiden oder weichen Buntstiften bekritzeln. Hier können Sie auch nur eine oder höchstens zwei Farben (wieder die gleichen wie bei den anderen Bogen) benutzen. Ausgeschnitten als Eier entstehen die tollsten Muster und Formen.

3-D-Ostereier

Osteranhänger für kleine und große Hände

Diese hübschen Anhänger sind ganz einfach, sodass auch die Kleinsten und Menschen, die sonst nicht sehr viel basteln (möchten), direkt mitmachen können. Auch die Eltern können hier mitbasteln und mitgestalten. Sie können die Eier entweder gemeinsam an großen Zweigen aufhängen oder die Familien können ihre Anhänger später mit nach Hause nehmen.

ab 3 Jahren

Das brauchen Sie

- **Viele bunte Bastel- und Geschenkpapiere, Ton- und Motivpapiere**
- **Scheren**
- **Klebstoff**
- **Nadel und Faden oder Deko-Kordel**
- **Stift**
- **Pappe oder Karton**

Stellen Sie für die Kinder einige Schablonen in Ei-Form her. Dazu zeichnen Sie einfach eine ovale Form auf Pappe oder Karton und schneiden diese aus. Die Kinder legen die Schablone auf die bunten Papiere und umranden sie mit einem Stift. Alle Ovale ausschneiden. Für ein 3-D-Ei benötigen die Kinder mindestens fünf gleiche Ovale. Die Ovale genau in der Mitte längs falten. Wieder auffalten und die Rückseite ganz mit Klebstoff einstreichen. Nun zwei Ovale an der Rückseite so aufeinander kleben, dass nur zwei Hälften zusammenkleben und dann die weiteren Ovale genauso einpassen. Zum Aufhängen können die Kinder ein Stück Geschenkband mit einkleben oder Sie bringen nach dem Trocknen einen Aufhänger mit Nadel und Faden an.

Variation

Sie können für die Kinder auch eine Schablone herstellen, die nur aus einer länglichen Ei-Hälfte besteht. Diese Schablone legen die Kinder an den Knickrand eines gefalteten (und darum doppelt gelegten) Papiers. Dann ausschneiden. Beim Auffalten entsteht schon ein ganzes, fertig mittelgefalztes Oval.

Ostern auf dem Tisch

Eine Möhren-Tischdecke selbst gemacht

2 Jahren

Eine eigene Ostertischdecke ist sehr praktisch. Am Osterfest ist sie der Hingucker auf dem Büfett-Tisch. Sie kann aber auch Ihren Jahreszeiten-Tisch schmücken oder bei Mahlzeiten das Auge erfreuen. Statt einer Tischdecke können Sie mit den Kindern auch Tischsets oder Stoffservietten bedrucken.

Das brauchen Sie

- **Tischdecke in einer hellen Farbe ohne Aufdruck oder Tischsets oder Stoffservietten**
- **Moosgummi**
- **Korken**
- **Klebstoff**
- **Stifte**
- **Scheren**
- **Textilfarben in Orange und Grün**

Als Erstes stellen Sie mehrere „Möhren"-Stempel her. Dazu zeichnen Sie mit Bleistift einen eher dicklichen Möhrenumriss auf Moosgummi. Sie können auch die Vorlage auf dieser Seite dazu nutzen. Soll ein Hase mit auf die Decke, fertigen Sie außerdem auch einen Hasenstempel an. Möhre und Hase vielfach auf Moosgummi übertragen. Die Kinder schneiden die Figuren mit Ihrer Hilfe aus. Kleben Sie jeweils drei Möhren passgenau aufeinander und kleben Sie oben einen Korken zum Halten auf. Genauso mit dem Hasenstempel verfahren.
Die Textilfarbe auf flache Teller füllen. Die Kinder tunken die Stempel in die Farbe und stempeln zunächst probeweise auf Papier, dann auf die Tischdecke oder die Tischsets. Schön sieht es aus, wenn der Hase in einem Kreis aus Möhren sitzt. Die Kinder können aber auch nach eigenen Ideen den Stoff kunterbunt und kreuz und quer bedrucken. Gut trocknen lassen. Bevor die Decken oder Sets gebrauchsfähig sind, müssen Sie sie je nach Packungsanweisung auf der Textilfarbe erst in der Waschmaschine waschen und/oder bügeln.

Ostermarmelade

Ein leckeres Geschenk fürs Familienfrühstück

Hmmmm, damit beginnt der Tag richtig lecker. Wie wäre statt eingekaufter Marmelade eine selbst hergestellte? Ihre eigene Kita-Marmelade kommt ganz ohne „E-Nummern" (Lebensmittelzusatzstoffe) und sogar fast ohne Zucker aus.

Material für sechs bis acht Einmachgläser

- **6 Esslöffel Chiasamen**
- **1 Vanilleschote**
- **1 kg Tiefkühlfrüchte ohne Zucker (beispielsweise Himbeeren oder Erdbeeren oder ein Beerenmix)**
- **6 bis 8 Esslöffel Agavendicksaft**

Die Chiasamen in der dreifachen Menge Wasser 10 bis 15 Minuten quellen lassen, sodass das Wasser ganz aufgesogen wird. Die Vanilleschote längs aufschneiden. Die Kinder kratzen das Fruchtmark heraus. Die Tiefkühlfrüchte etwas antauen lassen und im Mixer oder mit dem Pürierstab pürieren. Das Fruchtmus in einen Topf geben, das Vanillemark und auch die ausgekratzten Schoten dazugeben und alles miteinander kurz (etwa zwei Minuten lang) aufkochen lassen. Wieder abkühlen lassen. Die Vanilleschote herausfischen. Die Kinder rühren die Chiasamen und den Agavendicksaft unter.

Die Marmelade in die vorbereiteten Einmachgläser verteilen. Gläser zuschrauben und im Kühlschrank aufbewahren. Diese Marmelade ist jetzt noch zwei bis vier Wochen im Kühlschrank haltbar. Sie ist nicht so süß wie die eingekaufte Marmelade und kann nach Geschmack noch nachgesüßt werden.

Marzipan-Möhren

Backen und Kneten für die Sinne

Bei diesem Rezept kommt es nicht so sehr aufs Schlemmen an, sondern auf die Zubereitung. Hier dürfen die Kinder den Teig nämlich kneten, modellieren, rollen und formen. In diesem Beispiel rollen und formen die Kinder Marzipanmöhren – eine schöne Deko-Idee für Muffins, Torten, Pralinen oder einfach zum Schlemmen zwischendurch.

ab 3 Jahren

Das brauchen Sie

- **200 g Mandeln mit Haut**
- **180 g Puderzucker**
- **2 EL Rosen- oder Orangenblütenwasser (bspw. aus einem türkischen Supermarkt)**
- **Rote, gelbe und grüne Speisefarben**

In einem Topf etwas Wasser zum Kochen bringen und die Mandeln mit Haut darin einige Minuten ziehen lassen. Abschütten und etwas abkühlen lassen. Die Kinder können nun die Mandeln ganz einfach aus der Haut drücken. Die Mandeln in einem Mixer oder Blitzhacker fein mahlen. Falls Ihr Blitzhacker oder Küchengerät an seine Grenzen gerät, können Sie die Masse zwischendurch vorsichtig auflockern und ein weiteres Mal mahlen. Das Mandelmehl in eine Schüssel geben und den Puderzucker dazuschütten. Das Rosen- oder Orangenblütenwasser dazugeben und alles mit den Fingern verkneten. Sollte Ihr Marzipan noch zu klebrig sein, können Sie weiteren Puderzucker oder mehr Mandeln dazugeben. Sollte das Marzipan bröseln und zu trocken sein, geben Sie noch etwas von dem Orangenblüten- oder Rosenwasser dazu. Zwei Drittel des Marzipans mit einigen Tropfen roter und gelber Speisefarbe verkneten. Dabei geben die Kinder tropfenweise so viel Speisefarbe hinzu, bis beim Verkneten die gewünschte Farbintensität erreicht ist. Genauso mit dem letzten Drittel des Teigs verfahren, der grün eingefärbt wird.
Aus dem orangefarbenen Marzipan rollen die Kinder zunächst eine lange Wurst. Die Wurst in gleich große Stückchen schneiden. Aus jedem Stückchen rollen und kneten die Kinder eine kleine Möhre. Dazu beispielsweise zuerst eine Wurst formen, die dann an einem Ende zugespitzt wird. Mit einem Messer kleine Rillen in die Möhre drücken. Am Ende der Möhre mit einem Spießchen ein Loch einbohren.
Den grünen Teig rollen die Kinder zu vielen dünnen Würmern. Zwei oder drei Würmer zusammen können das Karottengrün ergeben und werden hinten in der Möhre eingesteckt.

Noch mehr Ideen

Statt des aromatisierten Orangenblüten- oder Rosenwassers können Sie auch einen Sirup, etwa Orangensirup, hinzugeben.

Kräuterbrötchen

Schlemmen für kleine Gaumen

Im Frühling gibt es Kräuter, die sonst – das restliche Jahr über – kaum frisch zu bekommen sind. Eines davon ist Bärlauch. In diesem Rezept benötigen Sie eine moderate Menge davon. Ersatzweise können Sie auch selbst Knoblauchrauke im Wald sammeln. Zu anderen Jahreszeiten können Sie den Bärlauch durch Schnittlauch, Zwiebeln oder andere Kräuter ersetzen. Sie können statt des Bärlauchs auch einfach eine Tiefkühl-Kräutermischung nehmen.

2 Jahren

Das brauchen Sie

- **350 g Dinkelmehl und etwas Mehl zum Kneten**
- **1 Päckchen Backpulver**
- **1 Prise Salz**
- **75 ml Milch**
- **1 Becher Crème fraîche (etwa 150 g)**
- **100 ml Rapsöl**
- **Etwa 50 g Kräuter**

Heizen Sie den Ofen auf 180 °C vor. Die Kinder mischen das Mehl mit dem Backpulver in einer großen Schüssel. Alle weiteren Zutaten dazugeben und mit den Knethaken des Handrührgerätes oder einer Küchenmaschine zu einem Teig verarbeiten. Eine Arbeitsfläche mit Mehl bestäuben und den Teig darauflegen. Die Kinder formen den Teig zu einer langen Rolle. Teilen Sie die Rolle in etwa 16 gleich große Stückchen. Die Kinder formen die Stücke zu Kugeln, die sie mit den Händen etwas flach drücken. Die Brötchen auf mit Backpapier belegte Bleche legen und etwa 15 bis 20 Minuten backen. Danach auf einem Rost oder Gitter auskühlen lassen.

Rüblikuchen

Ein Kuchenklassiker fürs Osterschlemmen

Dieser Kuchen darf auf keiner Ostertafel fehlen. Im Teig befinden sich geriebene Möhren und Marzipan, das macht den Rührkuchen zu einer besonderen Leckerei. Der Kuchen ist außerdem glutenfrei.

Zutaten

- 4 Eier
- 200 g Zucker
- 250 g gemahlene Nüsse oder Mandeln
- 1 Päckchen Vanillezucker
- 250 g geriebene Möhren
- ¼ Päckchen Backpulver
- 50 g Kartoffel- oder Maisstärke
- 1 Päckchen Marzipanrohmasse
- 1 Päckchen Tortenguss Kakao
- 1 Päckchen Marzipanrübchen

Die Eier mit dem Zucker und Vanillezucker schaumig aufschlagen. Möhren, Nüsse oder Mandeln dazugeben. Das Backpulver mit der Speisestärke vermischen und ebenfalls dazugeben. Gut verrühren und in eine gefettete oder mit Backpapier ausgelegte Springform (Durchmesser 26 cm) füllen. Im vorgeheizten Ofen bei 175 °C 45 bis 60 Minuten backen. Auskühlen lassen.

Die Marzipanrohmasse zwischen Folie rund ausrollen und auf den Kuchen legen. Den Tortenguss nach Packungsanweisung erhitzen und auf dem Kuchen verteilen. Die Marzipanrübchen in den noch feuchten Guss drücken.

Musik & Theater für die Osterzeit

Ein Osterfest mit den Familien ist vielleicht nicht in jedem Jahr möglich, aber kleine Theaterstücke machen den Kindern garantiert Spaß. Hier warten Ideen für kleine Vorführungen sowie Tipps für besondere Ostergenüsse.

Schmetterlingswiese

Eine kurze Klanggeschichte für die Osterzeit

Was passiert, wenn man schlafende Schmetterlinge weckt? Richtig, sie flattern in einer bunten Wolke davon. Das passiert diesem unvorsichtigen Osterhasen. Können die Kinder die Geschichte in Klänge kleiden.

ab 3 Jahren

Das brauchen Sie

- **Klangstäbe für den Osterhasen**
- **Holzblock für den kleinen Zweig**
- **Zimbeln, Glöckchen, Schellen und Triangeln für die Schmetterlinge (je nach Vorrat) oder auch ein Xylofon**

Erzählen Sie den Kindern diese Reimgeschichte und begleiten Sie sich selbst dabei mit den Klanginstrumenten. Wer möchte im nächsten Durchgang mitmachen?

Ein Osterhase geht ganz leise
auf heimliche und stille Weise.

Klangstäbe langsam spielen

Die Schmetterlinge schlummern noch,
drum, Osterhas', sei leise doch!

flüstern, Klangstäbe

Erschreck die kleinen Falter nicht,
stampf nicht herum mit viel Gewicht!

Klangstäbe

Da knackt ein Ast, ganz zart und klein,
unterm Osterhasenbein!

ein einzelner lauter Schlag auf dem Holzblock

Die Schmetterlinge, oh wie schön,
ein Zauberspiel, es anzusehen:

ein einzelnes Glöckchen oder ein einzelner Schlag auf dem Xylofon

Sie flattern auf und fliegen fort
von diesem nicht mehr leisen Ort.

alle Schmetterlingsinstrumente gemeinsam oder eine auf- und absteigende Tonfolge auf dem Xylofon

Bald sind sie nicht mehr zu seh'n,
macht's gut, ihr Falter, auf Wiedersehen!

die Schmetterlinge werden immer leiser

Ein kleiner Osterhase

Ein Tanzlied für den Morgenkreis

ab 4 Jahren

Ein Tanzspiel zu einer bekannten Melodie für die Osterzeit gesucht? Bei diesem Tanz fordern sich die Kinder gegenseitig zum Mitmachen auf, was das Gruppenklima positiv beeinflussen und das Wir-Gefühl unter den Kindern fördern kann.

Das brauchen Sie

- **nach Wunsch: Ein Henkelkörbchen mit einem Osterei**

Die Kinder setzen oder stellen sich im Kreis. Ein Kind kommt als Osterhase in die Mitte. Es bekommt das Körbchen. Dann singen Sie gemeinsam zur Melodie von „Alle meine Entchen" oder zu einer selbst ausgedachten Melodie:

Ein kleiner Osterhase
tanzt heut' durch den Wald,
tanzt heut' durch den Wald,
Ostern wird es wieder,
Ostern kommt jetzt bald.

Das Osterhasenkind tanzt im Innenkreis. Vor einem Kind seiner Wahl macht es halt und bietet ihm ein Ei aus seinem Korb an. Das ausgewählte Kind nimmt das Ei, kommt mit in den Kreis und wird nun ebenfalls zum Osterhasen.

In der nächsten Strophe singen Sie:

Zwei kleine Osterhasen
tanzen durch den Wald,
...

Nun sucht sich das Kind mit dem Ei einen Tanzpartner, dem es das Ei überreicht, sodass nun drei Osterhasen im Kreis tanzen. Das geht so weiter, bis schließlich alle Kinder zu Osterhasen geworden sind. Das Kind, das als letztes das Ei bekommt, darf im Anschluss vielleicht das nächste Spiel oder Lied aussuchen.

Weckt die Osterhasen!

Ein Mini-Theaterstück für die Osterzeit

ab 3 Jahren

Mit Kindern Theater zu spielen, ist oft gar nicht so einfach. Bei diesem kurzen Theaterstück müssen die Kinder selbst keinen Text sprechen, weil ein Erzähler durch die Handlung führt. Auch müssen die Kinder nicht ganz allein auf die Bühne kommen, sondern sie betreten die Bühne in der Gruppe. Auf diese Weise können sich auch schüchterne Kinder beteiligen und die Vorbereitung nimmt nicht viel Zeit in Anspruch.

Rollen

- **ErzählerIn (ein Erwachsener / eine Erwachsene)**
- **Vier (oder mehr bzw. weniger, je nach Anzahl der Kinder) Osterhasen (Kinder)**
- **Die Sonne (je nach Wunsch und Möglichkeit)**
- **Der Wind (je nach Wunsch und Möglichkeit)**
- **Die Kinder der XY-Gruppe (Kinder)**

Kostüme

- **Hasenkostüme für alle Osterhasen**
- **Gelbe Kleidung mit gelbem Kopfschmuck für die Sonne**
- **Graue oder weiße Kleidung und weiße Tücher für den Wind**

Requisite

- **Körbchen mit Henkeln und vielen essbaren Eiern (als Geschenke für die Familien)**

Die Sprechtexte des Erzählers sind im Folgenden bunt dargestellt. Die Handlungen der Schauspieler sind kursiv gesetzt. Sie können mit den Kindern natürlich auch eigene Ideen zur Begleitung des Sprechtextes entwickeln und je nach Gruppengröße, Alter der Kinder bzw. Lust und Laune noch weitere Rollen (eine Frühlingsfee, einen stampfenden Riesen, …) dazuerfinden, die ebenfalls versuchen, die Osterhasen zu wecken.

Es waren einmal vier kleine Osterhasen.

Osterhasen kommen auf die Bühne und winken

Die Osterhasen hatten jetzt zur Osterzeit natürlich viel zu tun.

Osterhasen verstecken Eier, legen Eier in Körbchen

Das war ganz schön anstrengend.

Osterhasen wischen sich über die Stirn, seufzen

Und weil die Osterhasen so müde von der vielen Arbeit waren, …

Osterhasen gähnen und legen sich hin

… schliefen sie mitten am Tag ein.

Osterhasen schnarchen und machen das Schlafen nach

Ob wir sie wohl wecken können? Vielleicht könnten alle hier einmal laut „Osterhasen, aufwachen!" rufen.

Zuschauer rufen, die Osterhasen „schlafen" weiter

Vielleicht noch etwas lauter?

Zuschauer rufen lauter, Osterhasen schlafen weiter

Oder noch lauter?

Zuschauer rufen noch lauter, Osterhasen schlafen weiter

Die Osterhasen müssen sehr erschöpft sein. Vielleicht kann uns die Sonne helfen. Rufen wir sie herbei: „Sonne, komm herbei!"

Zuschauer rufen, Osterhasen schlafen, nichts passiert

Die Sonne hat dieses Jahr wohl keine Lust. Vielleicht wenn wir noch etwas lauter rufen.

Zuschauer rufen lauter, die Sonne kommt auf die Bühne und winkt

Ah, das ist sie ja. Die Sonne tanzt über den Himmel und schickt ihre Strahlen auf die Erde. Sie kitzelt auch die Osterhasen.

die Sonne kitzelt die Osterhasen, die weiterschlafen

Aber die Osterhasen wachen immer noch nicht auf. Vielleicht rufen wir den Wind? Rufen wir alle gemeinsam: „Wind, komm herbei!"

Zuschauer rufen, Sonne wartet, Osterhasen schlafen, der Wind kommt direkt auf die Bühne und wirbelt umher, zupft am Erzähler herum

Da ist er ja schon! Was für ein windiger Tag!

der Wind wirbelt über die Bühne und zupft an den Osterhasen, aber die Hasen schlafen weiter

Auch dem Wind gelingt es nicht, die schlafenden Hasen zu wecken.

Sonne und Wind zucken mit den Schultern

Da müssen wir wohl die Kinder aus der XY-Gruppe rufen. Rufen wir alle gemeinsam: „Kinder, kommt herbei!"

die Kinder kommen auf die Bühne und rütteln sanft an den Osterhasen

Die Osterhasen erwachen jetzt endlich. Sie recken und strecken sich und nahmen ihre Körbchen mit den Eiern. Und ob ihr es glaubt oder nicht: Auch in diesem Jahr bekommt jede Familie ein Osterhasengeschenk. Und das bekommt ihr jetzt auch! Dankeschön!

alle verbeugen sich, die Kinder und die Osterhasen verteilen Eier an alle Zuschauer

Ideenseite

Noch mehr Ideen für Osterfeste

Eierkrickeln

In vielen regional unterschiedlichen Spielarten ist dieses lustige Eierspiel bekannt: Zwei Spieler stehen sich gegenüber. Jeder Spieler hält ein gekochtes Ei in der Hand. Nun klicken die beiden Spieler ihre Eier aneinander, zunächst ganz sacht und vorsichtig, dann etwas stärker. Der Spieler, dessen Eierschale zuerst Risse bildet oder bricht, hat verloren.

Eiermurmeln

Wie mit Murmeln können die Festgäste auch mit Kunststoffeiern, Schoko- oder mit hart gekochten Eiern spielen: beispielsweise ein Ei als Zielpunkt auf eine Sandfläche oder ein Tablett legen. Wer schafft es, sein Ei aus einer bestimmten Entfernung möglichst nah an das Ziel-Ei heranzurollen? Wer mit seinem Ei am Nächsten am Ziel liegt, ist Sieger und darf alle Eier einheimsen.

Eierschalen-Experimente

Eierschalen sind viel stabiler, als man denkt. Kein Wunder, sie bestehen aus Kalk und beschützen das unfertige Küken im Innern. Legen Sie doch einmal halbe Eierschalen, die etwa gleich hoch sind, auf einen Tisch und legen sie ein Brett darüber. Die Kinder müssen ganz fest auf das Brett drücken, bevor die Schalen zerbrechen. Eierschalen lösen sich unter bestimmten Bedingungen auf. Essig oder Zitronensäure greifen den Kalk, aus dem die Schale besteht, nämlich an. Darum gibt man dem Eierfärbewasser auch immer etwas Essig zu: So kann das Färbemittel besser in die Schale eindringen. Legt man ein Ei über Nacht in ein Glas mit Essig, kann sich die Schale ganz auflösen. Zurück bleibt nur die Haut, eine dünne Hülle, die das Ei gerade noch so zusammenhält.

Käsekuchen-Muffins

Kleine Käsekuchen zum Aus-der-Hand-Essen sind eine leckere Fingerfood-Idee fürs Osterbüfett. Bereiten Sie einfach einen Käsekuchenteig zu und gießen Sie ihn in mit Muffinförmchen ausgelegte Muffinbleche: 500 g Frischkäse mit 3 Eiern, 90 g Zucker, einem Päckchen Vanillezucker, 100 g Sahne und 40 g Speisestärke verrühren. Zunächst 10 Minuten bei 200 °C backen, dann den Ofen auf 175 °C zurückschalten und die Muffins weitere 10 bis 15 Minuten backen. Je nach Ofen am besten mit Stäbchenprobe prüfen, ob die Muffins gut durchgebacken sind.

Blüten-Muffins

Eine kleine Schlemmerei von der Frühlingswiese

Leckere Muffins mit echten Blütenblättern sehen toll auf dem Osterbüfett aus. Unsere Muffins sind nicht süß, sondern herzhaft und tragen die Blüten nicht nur als Garnitur!

ab 3 Jahren

Das brauchen Sie

(für zwölf Muffins)

- **Eine Handvoll essbare Blüten, etwa von Stiefmütterchen, Kapuzinerkresse, Bärlauch oder Gänseblümchen**
- **60 g geriebenen Parmesankäse**
- **150 g Kochschinken**
- **200 g Mehl**
- **1 Pck. Backpulver**
- **3 Eier**
- **4 EL Olivenöl**
- **100 ml Milch**
- **100 g Schlagsahne**
- **Salz und Pfeffer**
- **Etwas Paprikagewürz und ganze Blüten zum Verzieren**

Die Kinder schneiden den Schinken in kleine Stückchen. Blütenblätter, Schinken, Käse, Mehl und das Backpulver in einer Schüssel miteinander vermischen. Eier, Öl, Milch und Sahne dazurühren. Mit Salz und Pfeffer würzen und die Mischung in die mit Muffinförmchen ausgelegten Mulden im Backblech verteilen. Im vorgeheizten Ofen müssen die Törtchen bei 180 °C etwa 20 Minuten goldbraun backen. Auskühlen lassen. Mit Paprikapulver bestäuben und Blüten als Dekoration aufsetzen.

Löwenzahnkuchen

Ein schneller Tassenkuchen mit einem Hauch von Wiese

Löwenzahn gehört nicht unbedingt zu den Lieblingsspeisen der Kinder? Die kleinen Blättchen vom Löwenzahn sollte man auch nur bis zur Blütezeit verspeisen, denn danach können sie sehr bitter schmecken. In diesem Rezept werden nur die Blüten der kleinen Pflanze verwendet. Wenn Sie sie selbst sammeln, achten Sie darauf, dass Sie auf einer Wiese sammeln, die nicht gedüngt wird oder mit Tierkot von Tieren aus Weidehaltung in Berührung kommt, und waschen Sie die Blüten heiß ab.

ab 3 Jahren

Das brauchen Sie

- 3 Tassen Mehl
- 1 Pck. Backpulver
- 1 Handvoll Löwenzahnblüten
- 2 Tassen Zucker und etwas mehr Zucker für das Topping
- 1 Tasse Speiseöl
- 1 Tasse Mineralwasser
- 1 Beutel Vanillezucker
- 2 Bio-Zitronen
- 1 Becher Schmand

Die beiden Zitronen heiß abwaschen. Von den Zitronen raspeln die Kinder mit Küchenreiben oder Raspeln mit Griff (damit sie sich nicht verletzen) die Schalen ab. Von den Blüten zupfen sie die kleinen gelben Zungenblüten ab, Stiel und Blütenansatz werden nicht mit verwendet. Lassen Sie dabei etwa fünf Blüten zur Dekoration übrig.

Die Eier mit dem Zucker und dem Vanillezucker schaumig aufschlagen. Mehl und Backpulver dazurühren. Eine Zitrone auspressen und den Saft zusammen mit dem Öl und dem Mineralwasser zum Teig rühren. Eine Springform oder Kastenform einfetten oder mit Backpapier auslegen und den Teig einfüllen. Im vorgeheizten Ofen muss der Kuchen bei 200 °C etwa 45 Minuten backen. Den Kuchen auskühlen lassen.

Die zweite Zitrone ebenfalls auspressen. Schmand und Zitronensaft verrühren. Mit etwas Zucker abschmecken. Die Schmand-Mischung auf dem Kuchen verteilen und mit den restlichen Löwenzahnblüten dekorieren.

Familienfeste

Frühling und Frühsommer sind die Zeit von Mutter-, Vater- und Kindertag. Ihre Kinder möchten Mama oder Papa mit einem besonderen Geschenk überraschen? Schnell gemachte Last-Minute-Ideen, aber auch kleine Aufmerksamkeiten mit besonders viel Herz lassen sich hier entdecken. Aber nicht immer muss es etwas Materielles sein: Planen Sie statt Geschenken doch einfach einen Familientag! In diesem Kapitel finden Sie dazu Impulse und Tipps. Später im Sommer geht es dann um das große Thema „Sommerfest". Wie wäre es, wenn Sie die Gäste mit einem Singspiel begrüßen oder zu einem XXL-Mikado einladen?

Mutter-, Vater-, Kindertag

Schenken Sie „Ihren“ Familien doch ein Fingerspiel für zu Hause! Oder stellen Sie gemeinsam mit den Kindern Duftgeschenke her. Auch möglich: Sie laden zum Fingerfood-Picknick – wenig Aufwand, dafür viel Zeit zum Beisammensein.

Vater- und Kindertag

Auch die Väter haben einen eigenen Männer-, Herren- oder Vatertag genannten Gedenktag bekommen. Seit Ende des 19. Jahrhunderts wird der volkstümliche Vatertag gefeiert, indem sich die Teilnehmer zu einer Wanderung oder Ausfahrt aufmachen. Auch der Vatertag ist kein gesetzlicher Feiertag, sondern wurde auf Christi Himmelfahrt (40 Tage nach dem Osterfest) gelegt.

Warum es keinen Kindertag gibt, der einen eigenen Sonntag oder einen Feiertag im Jahr belegt, ist diskussionswürdig. Noch trauriger: Es gibt verschiedene Termine mit unterschiedlichen Namen, und im Termin- und Namensdurcheinander lässt sich kaum ein roter Faden ausmachen. Der etwas unglücklich benannte „Weltkindertag" wird beispielsweise (eher nur) in Deutschland am 20. September begangen – gleichgültig, auf welchen Wochentag er fällt – und geht aus diesem Grund oft einfach unter. Der Internationale Kindertag dagegen findet am 1. Juni statt und auch hier lässt sich nicht richtig bestimmen, was dann genau passiert. Von einem Kindertagskuchen oder Kindertagsausflug hat bisher wohl noch niemand gehört. Allen Kindertagen gemeinsam ist, dass sie mit der Entwicklung der Kinderrechte einhergingen.

Seifen von Herzen

Ein duftendes Geschenk für Mama (oder Papa)

Ob Mama, Papa, Oma oder Schwestern: Über diese duftenden kleinen Seifenstücke freut sich jeder. Und Seifen wie diese gibt es garantiert nirgendwo zu kaufen.

ab 4 Jahren

Material

- **Seifenreste oder gekaufte Seifen**

Sprühflasche

- **Wasser**
- **Küchenreiben und Raspeln**
- **Ausstechförmchen und Eiswürfelförmchen**
- **Schüsseln**
- **Ätherische Duftöle (beispielsweise Rose, Zitrone, Vanille, Lavendel)**
- **nach Wunsch: Schaschlikspießchen**
- **nach Wunsch: Lebensmittelfarben**
- **nach Wunsch: Geschenkbändchen**

Die Seifen und Seifenreste raspeln die Kinder (unter Aufsicht) mit den Reiben und Raspeln zu kleinen Spänen. Alle Seifenspäne in einer großen Schüssel sammeln. Jedes Kind kann sich von den Seifenspänen ein oder zwei Handvoll abnehmen und in eine eigene Schüssel geben. Die Seifenspäne mit etwas Wasser aus der Sprühflasche besprühen und verkneten, bis ein „Teig" entsteht. Sollte der Teig zu flüssig sein, noch etwas mehr Seifenspäne hinzugeben. Ist er zu fest, Wasser aufsprühen. Den so entstandenen Teig können die Kinder nach Wunsch mit Lebensmittelfarben einfärben. Achtung: Schon einige Tropfen Farbe können zu einem intensiven Ergebnis führen. Die Duftöle nur ganz sparsam (tropfenweise) zugeben. Schön sind violette Seifen mit Lavendelduft, weiße oder gelbe mit Zitronen- oder Vanilleduft. Hier können die Kinder nach eigenen Ideen und Vorlieben selbst entscheiden. Allerdings sollten die Kinder pro Seife höchstens ein oder zwei verschiedene Duftöle zugeben. Den präparierten Teig pressen die Kinder in ausrangierte Ausstechförmchen (Herzen, Sterne, Monde, etwa in Knetförmchen) oder in Eiswürfelförmchen. Falls die Seife später aufgehängt werden soll, müssen die Kinder ein Loch hindurchbohren (beispielsweise mit einem Schaschlikspießchen) und ein Stück Geschenkband durch das Loch fädeln. Alle Seifenstücke gut trocknen lassen. Zum Verschenken schön verpacken, etwa in Organzasäckchen oder selbst bemalte Schachteln.

Variationen

Auch kleine Geschenke oder Glücksbringer (Kunststofffiguren, Münzen, Blüten) können die Kinder in die Seife einarbeiten. Blütenblätter, Kräuter und Glitter passen ebenfalls in die Seifen.

Blumen für dich

Ein lebendiges Elterngeschenk

Blumen zu verschenken muss gar nicht teuer sein. Wie wäre es, wenn Sie die Mutter-/Vatertagsgeschenke in diesem Jahr selbst züchten? Mit diesem Geschenk müssen Sie allerdings im Optimalfall vier bis sechs Wochen vor dem Mutter-/Vatertag beginnen!

Material

- **Mini-Blumentöpfe (Durchmesser 5 bis 10 cm, aus dem Gartenmarkt)**
- **Kieselsteine**
- **Blumenerde**
- **Blumensamen**
- **Sprühflaschen**
- **Wäscheklammern aus Holz**
- **Pinsel**
- **Fingerfarben**
- **Pappe**
- **Buntstifte**
- **Filzstifte**

Die Kinder suchen sich einen Blumentopf aus. Jedes Kind legt einen Kieselstein über die Öffnung unten im Topf und füllt seinen Topf mit Blumenerde. Nach Wunsch und Idee verteilen die Kinder nun einen oder mehrere Samen in oder auf der Erde und besprühen alles mit Wasser. Gut für Kinderhände eignen sich Kapuzinerkressesamen, weil sie schön groß und gut zu greifen sind. Später entwickeln sich aus den Samen dann Kapuzinerkressepflanzen mit essbaren Blättern und Blüten. Die Blüten sind groß und gelb bis orangerot und sehen sehr hübsch aus. Auch Borretsch bildet sehr schöne (dunkelblaue) Blüten und ist ungiftig/essbar.

Die Wäscheklammer bemalen die Kinder mit den Fingerfarben, beispielsweise in der Farbe der späteren Blüten. Die Pappe zu einem Herz zuschneiden und nach Wunsch farbig anmalen. Dazu passt der Name des Kindes und ein kleiner Spruch, etwa „Alles Liebe zum Muttertag“ oder „Danke“ oder „Für Mama“/„Für Papa“. Das Herzchen mit der Wäscheklammer am Blumentopfrand befestigen.

Tipp

Die älteren Kinder können auch den Blumentopf bemalen. Hierfür gibt es wetterfeste Acrylfarbe, sofern der Blumentopf später draußen stehen soll. Diese Farben lassen sich nur schwer aus Kleidern entfernen und sind für Kindergartenkinder noch nicht unbedingt geeignet. Sie können aber auch einfach Finger- oder Wasserfarben verwenden und die Blumentöpfe später mit Klarlack überziehen.

Maiglöckchen-Gruß

Eine schnelle Grußkarte mit Gedichten

ab 4 Jahren

Echte Maiglöckchen wachsen jetzt zwar auch wild, aber sie sind giftig, denn sie enthalten herzwirksame Glykoside in allen Pflanzenteilen. Unsere Maiglöckchen dagegen können die Kinder in wenigen Schritten selbst falten.

Material

- **Pro Karte 1 Kartenrohling oder 1 Bogen farbiger Tonkarton**
- **Passende Umschläge**
- **Farbiges Tonpapier**
- **Filzstifte**
- **Fineliner**
- **Klebstoff**
- **Scheren**
- **Quadratisches Faltpapier in Weiß (beispielsweise Zettel von einem Zettelblock, etwa 9 × 9 cm)**

Jedes Kind sucht sich eine Karte oder einen Bogen Tonkarton aus. Den Tonkarton einmal quer in der Mitte zur Karte falten. Aus Tonpapier ein Deckblatt in einer anderen Farbe ausschneiden und auf der Kartenoberseite aufkleben.
Aus grünem Tonpapier schneiden die Kinder einen gebogenen Stängel und ein oder zwei Blätter aus. Alles so auf der Karte aufkleben, dass noch genug Platz für die Blüte und die Beschriftung bleibt. Die Blüte falten Sie mit den Kindern so: Das Faltpapier zum Buch falten, wieder auffalten. In die andere Richtung zum Buch falten, wieder auffalten. Dann diagonal falten, wieder auffalten. In die andere Richtung diagonal falten, wieder auffalten. Papier an den Ecken/diagonalen Faltlinien zusammenschieben und flachdrücken, sodass ein Dreieck entsteht. Das Dreieck mit der Spitze nach oben legen. Die zwei unteren Ecken etwas schräg nach oben falten. Das Dreieck umdrehen und das Gleiche auf der Rückseite wiederholen. Fertig ist eine Maiglöckchenblüte. Die Kinder kleben die Blüte am Stängel fest. Auf die Vorderseite passt nun noch eine Beschriftung, bei der Sie den Kindern helfen können, beispielsweise „Für Mama!“/„Für Papa“ oder „Liebe Mama“.
Innen in die Karte können die Kinder diesen kleinen Reim kleben, den sie im Computer gestalten und anschließend für alle ausdrucken. Auch beim Ausdrucken und Ausschneiden des Reims können die Kinder helfen. Ältere Kinder interessieren sich vielleicht auch dafür, den Reim gemeinsam/abwechselnd über die Tastatur einzugeben – selbst, wenn die Geduld nicht allzu lange ausreicht. Zusätzlich können die Kinder kleine getrocknete Blüten in die Karte stecken oder aufkleben.

Mit Maiglöckchen ein Dankeschön,
es soll dir immer prächtig geh’n.
Mit Blütenblättern, danke sehr,
Freude, Sonne und noch mehr.

Ich schenk dir ... mich!

Anhänger mit echtem „Kind“

Das haben Ihre Eltern bestimmt noch nie geschenkt bekommen: das eigene Kind geschrumpft als Schlüsselanhänger. Zugegeben, ein bisschen Technik steckt schon dahinter, aber auch der Umgang mit Kamera, Drucker und Computer kann und sollte einmal zum Bildungsbereich werden. Den Kindern macht das „Schrumpfen“ bestimmt Riesenspaß.

ab 3 Jahren

Materia

- **Digitalkamera**
- **Tintenstrahl-Farbdrucker**
- **Schrumpffolie für Tintenstrahldrucker (Onlinehandel oder Bastelladen)**
- **Locher**
- **Backofen**
- **Schlüsselbundring oder Kordel**

Machen Sie von jedem Kind eine Aufnahme mit der Digitalkamera. Die Kinder können sich nach einer genauen Einweisung in die Handhabung der Kamera auch selbst fotografieren. Toll sehen Fotos aus, auf denen die Kinder richtig lustig sind (springen, tanzen, verkleidet sind). Die Aufnahmen speichern Sie auf dem Computer, damit nichts verloren geht.

Die Schrumpffolie legen die Kinder mit der rauen Seite so ein, dass auf diese Seite gedruckt wird. Möglicherweise müssen Sie mit den Kindern erst testen, auf welche Seite der Drucker genau druckt. Dann drucken Sie jedes Kind/jedes Foto auf Schrumpffolie aus. Stellen Sie den Drucker so ein, dass mehrere Fotos auf eine DIN-A4-Folie passen. Außerdem müssen Sie im Druckmenü den Drucker auf Foliendruck einstellen. Nach dem Drucken müssen die Folien etwa 10 bis 15 Minuten trocknen.

Die Kinder schneiden sich nun aus der Folie selbst aus. Dazu malen Sie den Kindern am besten eine Kontur vor, entlang der sie sich selbst ausschneiden. Ganz wichtig: Lassen Sie über dem Kopf etwas mehr Platz, denn hier knipsen die Kinder mit dem Locher ein Loch in die gehärtete Folie! Die ausgeschnittenen Stücke auf ein mit Backpapier ausgelegtes Backblech legen. Im vorgeheizten Ofen lassen Sie die Stücke nun bei 140 °C schrumpfen. Zunächst werden die Fotos dabei etwas schrumpelig. Nach und nach werden die Stücke aber wieder glatt und natürlich kleiner. Gut abkühlen lassen. Nun können die Kinder durch das Loch ein Stückchen Kordel oder einen Schlüsselring fädeln.

Maiglöckchen, Maiglöckchen

Ein Fingerspiel für die Kita und zu Hause

Dieses Fingerspiel können die Kinder zu Hause ihren Eltern zeigen und dann gemeinsam durchführen. Statt Maiglöckchen können Sie natürlich auch alle anderen kleinen Blumen einsetzen, die die Kinder auf der Wiese oder im Wald entdecken, wie Veilchen, Löwenzahn, Gänseblümchen und viele andere.

ab 2 Jahren

Maiglöckchen, Maiglöckchen,
duckt euch geschwind,
heute regnet's und kalt weht der Wind.

die Hand hochhalten, Finger einziehen und abknicken, über die Faust pusten

Maiglöckchen, Maiglöckchen,
dann wird's wieder hell,
reckt euch zur Sonne und wärmet euch schnell.

die Finger einen nach dem anderen wieder strecken

Maiglöckchen, Maiglöckchen,
ihr duftet so schön,
s'ist eine Freude, euch blühen zu seh'n!

mit den Fingern wackeln, zum Schluss in die Hände klatschen

Ein Handfühlpfad

Eine SINN-volle Idee für einen Familientag

Ein Fußfühlpfad ist eine tolle Sache, aber nicht jeder zieht gern Schuhe und Strümpfe aus und je nach Wetter, Temperatur und Größe der Gruppe ist ein Fußfühlpfad manchmal einfach viel zu viel Aufwand. Ein Handfühlpfad dagegen kommt mit viel weniger Platz aus und jeder kann mitmachen, ohne etwas auszuziehen. Eine prima Idee für einen Wald-und-Wiesen-Tag mit den Familien.

ab 3 Jahren

Material

Je nach Abschnitt im Gelände, beispielsweise:

- **Zarte Blätter**
- **Blüten**
- **Zapfen**
- **Moos**
- **Steinchen**
- **Stöckchen**
- **Erde**
- **Sand**
- **Schlamm**
- **Wasser**
- **Handtücher**
- **1 kleine Wanne oder Schale aus Kunststoff**

Wie bei jedem Waldtag oder Ausflug mit den Eltern/Familien sollten Sie auch hier vorab allein das Gelände erkunden: Gibt es einen Bach? Gibt es Sitzmöglichkeiten? Was müssen Sie mitbringen? In den Waldrucksack gehören immer Erste-Hilfe-Kit mit Pflastern und Desinfektionsspray, Handy für eventuelle Notrufe, aber auch an eine Fotokamera und in diesem Fall an eine kleine Kunststoffschale und ein Handtuch sollten Sie denken.

Die Kinder suchen eine Stelle auf dem Boden aus, die sie gemeinsam mit Zweigen abstecken und in etwa vier bis sechs Felder aufteilen. Die Felder können nun mit unterschiedlichen Fühlmaterialien ausgelegt und bedeckt werden, beispielsweise ein Feld mit Moos, eines mit Zapfen, eines mit Blättern, eines mit Erde vom Boden, Gras, Sand, Steinen, Rinde – je nach Gegebenheiten Ihrer Umgebung. Falls Sie Wasser von einer Quelle oder einem Bach zur Verfügung haben, können Sie in der Schale auch ein Feld mit Wasser, nassem Sand oder Schlamm in den Handfühlpfad einbauen.
Dann kann es losgehen. Die Familien fühlen in Ruhe nacheinander den Pfad mit den Händen ab. Ermutigen Sie die Kinder dazu, ihre Eindrücke genauer zu beschreiben mit Adjektiven wie nass, trocken, warm, kalt, scharf, spitz, kratzig, piksig, glatt, zart, schön, weich, …

Vegane Kartoffelsticks

Fingerfood fürs Sommerfest

ab 2 Jahren

Manche Gäste müssen sich glutenfrei ernähren, andere essen kein Schweinefleisch. Einige haben vielleicht eine Laktoseintoleranz und Vegetarier kommen sicherlich auch zum Fest. Bei vielen veganen Köstlichkeiten, bei diesem Fingerfood aber auf jeden Fall, kann jeder mitschlemmen.

Zutaten

- **Kleine Kartoffeln**
- **Jodsalz**
- **Rote Paprikaschoten**
- **Radieschen**
- **Oliven**
- **Gewürzgurken**
- **Salatgurke**
- **Außerdem: Zahnstocher**

Die Kartoffeln mit etwas Salz gar kochen und abgießen. Gut abkühlen lassen. Die Schale bleibt dran. In der Mitte quer halbieren und mit der Schnittfläche nach unten auf ein Tablett setzen. Sollten diese Stücke noch nicht mundgerecht sein, noch einmal in der Mitte durchschneiden. Paprika, Gurke und Radieschen in Scheiben / Stücke schneiden. Auf jedes Kartoffelstück je nach Geschmack und Idee ein Stückchen Paprika, Radieschen, eine Olive und/oder ein Gewürzgürkchen legen und mit dem Zahnstocher befestigen. Fertig ist ein Tablett mit mundgerechtem Fingerfood: vegan, gluten- und laktosefrei und gesund.

Wie man den Frühling trinken kann

Waldmeister-Sirup und Frühlingsbowle

ab 3 Jahren

Erwachsene gönnen sich im Wonnemonat Mai gern einmal eine Waldmeisterbowle. Dass das auch sehr lecker alkoholfrei klappt, zeigt dieses Rezept. Falls Sie wegen des Cumarins im Waldmeister Bedenken haben, können Sie statt des selbst gemachten Sirups auch einen gekauften (künstlich hergestellten und darum cumarinfreien) Sirup verwenden. Die Menge an Cumarin, die bei einem Glas dieses Getränks aufgenommen wird, ist allerdings so gering, dass sich die älteren Kinder auch einmal einen echten Waldmeistergenuss gönnen können.

Das brauchen Sie für den Sirup

- **750 ml Wasser**
- **500 g Zucker**
- **1 dicker Bund Waldmeister**
- **2 Limetten**

Den Waldmeister abwaschen und über Nacht etwas welken lassen. Das verstärkt das Aroma. Am nächsten Tag das Wasser mit dem Zucker zehn Minuten lang unter Rühren köcheln lassen, bis der Zucker sich ganz aufgelöst hat und die Flüssigkeit klar ist. Abkühlen lassen. Jetzt den Waldmeister in den Sirup legen. Die Limetten heiß abwaschen, in Scheiben schneiden und ebenfalls dazugeben. Alles an einem kühlen Ort zwei bis drei Tage ziehen lassen, dabei immer wieder einmal umrühren. Den Sirup dann durch ein Sieb schütten, noch einmal kurz aufkochen lassen. Sobald der Sirup abgekühlt, können Sie nach Wunsch einige Tropfen grüne Speisefarbe hinzufügen. So bekommt der sonst gelbliche Sirup eine schicke Farbe. Den Sirup in saubere Flaschen geben und diese sofort verschließen. Dann erst vollends auskühlen lassen.

Das brauchen Sie für eine Kinderbowle

(zehn bis zwölf Gläser):

- **1 Glas Waldmeistersirup**
- **750 ml Mineralwasser mit Kohlensäure**
- **1 l klare Zitronenlimonade**
- **2 Stängel Minze**
- **Etwas grünen Deko-Zucker**
- **1 Honigmelone**

Das Fruchtfleisch aus der Honigmelone mit einem Kugelausstecher herausstechen oder einfach in Würfel schneiden. In einer großen Schüssel Limonade, Sirup und Mineralwasser mischen. Die Limetten heiß abwaschen und in Scheiben, dann in Hälften schneiden. Die Limettenhälften bis auf zehn oder zwölf Stück mit in die Bowle geben. Die Minze heiß abwaschen, von den Stängeln zupfen und ebenfalls in die Bowle geben. Die Bowle etwa 30 Minuten ziehen lassen und kühl stellen. Die Gläser mit dem Rand in Wasser, dann in den Zucker tunken. Befüllen und mit einer Limettenhälfte am Glasrand dekorieren.

Schnipp-schnapp-Butter

Frühlingskräuter-Butter fürs Büfett

ab 3 Jahren

Das können die Kinder schon fast allein: Das Rezept für diese Butter ist relativ einfach und die Kinder können prima helfen. Statt Butter können Sie für eine vegane Variante natürlich auch Margarine verwenden.

Zutaten

- **2 Päckchen Butter (zu je 250 g)**
- **Meersalz**
- **Pfeffer**
- **Frühlingskräuter nach Wahl (beispielsweise Bärlauch, Schnittlauch, Petersilie, Dill)**
- **2 Knoblauchzehen**

Die Butter bei Zimmertemperatur weich werden lassen. Die Kinder waschen die Kräuter und schütteln sie trocken. Mit sauberen Scheren schneiden sie die Kräuter in möglichst kleine Stückchen. Am besten arbeiten die Kinder hierfür über einer sehr großen Schüssel. Die Knoblauchzehen schälen und durch eine Knoblauchpresse drücken. Knoblauch, weiche Butter, Kräuter und Gewürze gut miteinander verrühren. Die Butter dann in Schälchen füllen oder zu einer Rolle formen und im Kühlschrank bis zur Verwendung wieder fest werden lassen. Schön sieht es auch aus, wenn die Kinder die Butter in Förmchen pressen. Vor dem Servieren die Butter dann aus den Förmchen lösen.

Variation: Karotten-Butter

1 halbes Päckchen weiche Butter (etwa 125 g), 3 geriebene Karotten, 2 Esslöffel Zitronensaft, 2 Esslöffel Tomatenmark, 1 Teelöffel Pizzagewürz, 1 Teelöffel Honig oder Agavendicksaft miteinander verrühren. Mit Salz und Pfeffer abschmecken und bis zur Verwendung im Kühlschrank aufbewahren.

Schnelle Rollen

Picknick- oder Fingerfood für alle

Schneller geht es nicht: Wrap füllen, rollen und in Schnecken scheiden. Lecker, vielseitig und ganz schnell fertig. Hier erfahren Sie von zwei kindergaumenfreundlichen Variationen.

ab 2 Jahren

Das brauchen Sie

- **Wraps**
- **Variation 1 (vegetarisch): Kräuterfrischkäse, gekochte Eier, Gurke**
- **Variation 2 (süß): Nussnugat-Creme, Erdnusscreme (beides am besten Bio), Bananen**

Variation 1

Die Wraps mit Kräuterfrischkäse bestreichen. Die gekochten Eier schälen und in Scheiben schneiden. Die Gurke waschen und in Scheiben schneiden. Alles auf den bestrichenen Wraps verteilen, fest wickeln. Die Rolle in etwa 2 bis 3 cm dicke Schnecken schneiden.

Variation 2

Die Wraps zuerst mit Erdnusscreme, dann mit Nussnugatcreme bestreichen. Die Banane(n) in Scheiben schneiden und darauflegen. Alles fest einwickeln und wie oben ebenfalls in 2 bis 3 cm dicke Schnecken schneiden.

Tipp

Sie möchten die Mini-Wraps zu einem Picknick mitnehmen? Dann stecken Sie durch jede Schnecke einen Zahnstocher, sodass nichts auseinanderfällt.

Regenbogen im Glas

Ein obercooler Kindercocktail

Da werden die Geburtstagsgäste Augen machen: Dieser Drink in allen Farben des Regenbogens kommt frisch aus dem Dschungel auf den Kindergartentisch.

Das brauchen Sie

- **Fruchtgummischlangen**
- **Schaschlikspieße**
- **Grenadine (alkoholfreier Johannisbeersirup)**
- **Orange-Mango-Saft**
- **Mineralwasser**
- **Eiswürfel**
- **alkoholfreien Blue Curacao (alternativ: etwas blaue Lebensmittelfarbe)**
- **für die Dekoration: 1 Stück Obst (Ananas, Melone oder Orangenscheibe)**

Zwei Fruchtgummischlangen auf einen Spieß spiralförmig aufstecken. Die Cocktailgläser wie folgt befüllen: Ganz unten etwa fingerbreit den Grenadinesirup einfüllen, darauf vorsichtig (damit sich nicht alles direkt vermischt) den Mango-Orangen-Saft gießen, bis das Glas etwa zur Hälfte gefüllt ist. Ganz oben Mineralwasser auffüllen und die Eiswürfel vorsichtig dazugeben. Einen Esslöffel Blue Curacao (ersatzweise blaue Lebensmittelfarbe) oben ins Mineralwasser geben. Das Obststück an den Rand hängen und den Schlangenspieß auf das Glas legen.

Sommerfeste

Ein märchenhaftes Theaterstück, Tipps, wie Sie Eltern ins Festgeschehen mit einbinden, und eine Wassermelonen-Bowle: So könnte ihr Sommerfest gelingen. Noch viel mehr Ideen und Tipps finden Sie auf den nächsten Seiten.

Eltern gekonnt ins Festgeschehen einbinden

Beim Sommerfest sind das Interesse und die Wertschätzung der Eltern gefragt. Leider sind nicht immer alle Eltern dazu bereit, an Festen selbst aktiv zu werden. Sportliche Spiele beispielsweise kommen sehr häufig bei Eltern gar nicht gut an. Hier sehen Eltern oft nicht die Notwendigkeit, sich konsequent und für einen Nachmittag auf die Welt und den Bewegungsdrang ihrer Kinder einzulassen. Auch wenn das schade ist, sollten Sie Ihr Sommerfest aus diesem Grund nicht auf ein in erster Linie sportlich ausgelegtes Motto gründen. Beim Selbstmitmachen hört bei vielen Eltern die sportliche Begeisterung auf. Der Grund liegt manchmal auch in der Abneigung der Eltern, sich selbst vor einer Gruppe darstellen zu müssen. Viel besser kommen dagegen in der Regel kleine Vorführungen an, die die Kinder und Sie selbst „servieren" und bei denen die Eltern einfach nur zuschauen dürfen.

Eine weitere Idee, Eltern klammheimlich ins Festgeschehen einzubinden und zum Mitmachen zu verführen, sind Kreativ-Stationen: Stellen Sie beispielsweise Tische auf, wo ansprechende und etwas ungewöhnliche Kreativmaterialien darauf warten, ausprobiert zu werden. Das könnte ein Tisch mit Feilen und Raspeln sein, auf dem Sie verschiedene Specksteinrohlinge oder auch Ytong-Steine auslegen, aus denen kleine Kunstwerke, Schmuckstücke oder Figuren hergestellt werden können. Gerade die kleinen selbst hergestellten Kunstobjekte sind eine schöne Erinnerung für Familien mit Bald-Schulkindern, die in diesem Sommer die Kita verlassen.

Willkommen bei uns!

Ein Singspiel zur Begrüßung

ab 2 Jahren

Mit dieser musikalischen Idee können Sie neue Familien in der Kita begrüßen. Bei diesem kleinen Singspiel, das Sie mit den Kindern vor den Eltern aufführen können, erleben die Familien am Ende noch eine Überraschung, denn sie bekommen ein kleines Geschenk überreicht.

Material

- **1 Blume für jede Familie**
- **Viele Sandkasteneimer mit Wasser**
- **Tonkartonreste**
- **Motivscheren**
- **Buntstifte**
- **Locher, Geschenkband**

Vorbereitung

Die Kinder schneiden mit Motivscheren kleine Schildchen aus dem Tonkarton aus. Mit etwas Hilfe schreiben die größeren Kinder oder die Kinder, die Lust haben, das Wort „Willkommen“ auf die Schildchen. Dann lochen die Kinder jedes Schildchen und fädeln ein Stück Geschenkband hindurch. Am Tag der Vorführung benötigen Sie für jede Familie eine Schnittblume oder einen kleinen Blumentopf mit einer Blume darin. Hier binden Sie das Schildchen fest. Falls Sie Schnittblumen verwenden, stellen Sie alle Blumen in mehrere mit Wasser befüllte kleine Sandkasteneimer.

Aufführung

Das Lied singen Sie einfach zur Melodie von „Es regnet, es regnet“. Für die Aufführung ist es optimal, wenn die Kinder das Lied schon gut alleine singen können. Trotzdem ist es besser, wenn Sie mit einer Kollegin/einem Kollegen mindestens zu zweit mit- und vorsingen. Während der ersten Strophe tragen die Kinder die Blumen(töpfe) singend auf die Bühne oder zum Ort der Aufführung. In der zweiten Strophe schnuppern die Kinder singend an den Blumen. In der dritten Strophe gehen die Kinder singend von der Bühne. Dabei nimmt jedes Kind eine Blume aus den Eimerchen oder einen Blumentopf mit, den es seinen Eltern überreicht.

Ihr Kinder, ihr Eltern,
so bunt ist uns're Welt.
Wir freuen uns heute,
wenn's euch bei uns gefällt.

Ihr Großen, ihr Kleinen,
gut riecht uns're Welt.
Wir freuen uns heute,
wenn's euch bei uns gefällt.

Ihr Alten, ihr ganz Jungen,
willkomm'n in uns'rer Welt.
Wir freuen uns heute,
wenn's euch bei uns gefällt.

Wiesenpuzzle im Einmachglas

Ein Willkommensgeschenk für alle Gäste

Falls Ihr Sommerfest draußen auf einer Wiese stattfindet oder auch im Wald, passt dieses kleine Geschenk für die Eltern besonders gut. Ein Wiesenpuzzle zum Mit-nach-Hause-nehmen.

ab 4 Jahren

Material

- **Pro Kind 1 Einmachglas mit Deckel**
- **Fingerfarben**
- **Etwas Gras**
- **Digitalkamera**
- **Scheren**
- **Laminiergerät und Laminierfolie**
- **Nach Wunsch und Möglichkeit: Farbdrucker und Fotopapier**

Für diese Idee benötigen Sie von jedem Kind ein gutes Foto. Am besten suchen Sie eine Wiese mit Blumen auf. Die Kinder setzen oder legen sich einzeln ins Gras und fotografieren sich. Von jedem Kind wählen Sie anschließend gemeinsam mit ihm ein Foto aus. Statt der Kinder können Sie auch eine schöne Wiesenblume, eine Blüte mit einem Schmetterling darauf oder ein ähnliches Wiesenmotiv fotografieren. Das bietet sich an, falls Sie Kinderfotos nicht für Puzzlezwecke zerschneiden möchten.

Die Fotos selbst ausdrucken oder im Drogeriemarkt ausdrucken lassen. In der Zwischenzeit bereiten die Kinder die Verpackung vor: Dafür sucht sich jedes Kind ein Einmachglas mit Deckel aus. Glas von außen und Deckel können die Kinder nach eigenen Ideen verzieren, beispielsweise mit Glasmalstiften, Wasser- oder Fingerfarben bemalen, mit Glitzersteinen bekleben oder mit Stickern verzieren. Um im Wiesenthema zu bleiben, können die Kinder auch den unteren Teil des Glases grün bemalen und den Rest mit kleinen bunten Fingertupfern verzieren. Ganz unten ins Glasinnere passen vielleicht einige Grashalme.

Alle Fotos können Sie zur besseren Haltbarkeit laminieren. Die Kinder schneiden ihr Foto in nicht zu kleine Puzzleteile. Die Puzzleteile wandern direkt in das vorbereitete Einmachglas, damit kein Teil verloren geht.

Tipp

Auch als Einladung eignet sich diese Idee, wenn Sie beispielsweise einen Einladungstext auf der Puzzle-Rückseite ergänzen.

XXL-Mikado

Ein Wiesenspiel fürs Sommerfest

Ein bisschen Action für die Wiese gesucht? Diese Spielstation passt auch auf kleinsten Raum, denn ihre Größe bestimmen Sie durch die gefundenen Äste oder Zweige selbst.

Material

- **Viele Äste und Zweige**
- **Sägen, Heckenscheren und Messer**
- **Buntes Klebeband in verschiedenen Farben**
- **Scheren**

Sammeln Sie bei einem Waldspaziergang mit den Kindern viele Äste und Zweige vom Boden (nicht von Bäumen abschneiden oder abreißen) und transportieren Sie Ihre Schätze in die Kita. Die Äste oder Zweigen können zwischen 20 cm bis 1 m lang sein – je nachdem, was Sie finden. Ihre Fundstücke sollten allerdings wenn möglich ungefähr gleich lang sein. Die Äste und Zweige von Nebenästen und Verzweigungen befreien, sodass sie möglichst glatt sind. Diese Aufgabe können die größeren Kinder unter genauer Aufsicht und mit Hilfe in Angriff nehmen oder Sie fragen Eltern um Hilfe. Die Rinde kann bleiben. Die Äste und Zweige nun mit den Klebebändern umwickeln und auf diese Weise farbig gestalten. Am besten umwickeln die Kinder die Zweige nur an den Enden mit dem Klebeband. Ein einziger Ast oder Zweig kann dagegen als Mikado ganz beklebt werden. Gespielt wird nun nach den Mikadoregeln direkt auf der Wiese.

Angel- und Fischparadies

Planschideen für alle Festbesucher

An einem heißen Tag lockt das Angel- und Fischparadies Groß und Klein auf magische Weise an. Eine tolle Idee für alle Feste, die im Freien stattfinden.

ab 1 Jahr

Material

- **Mehrere Wannen (etwa Babybadewannen)**
- **Mehrere Planschbecken**
- **Wasser und Gartenschlauch**
- **Kescher, Siebe, Schöpflöffel**
- **Gummitiere zum Fischen (Gummienten, Kunststofftiere und Ähnliches)**
- **Sandkasteneimer**
- **Wäschekörbe**
- **Orden oder kleinere Belohnungen**

Bauen Sie schon einige Tage vor dem Fest an einer schattigen Stelle die Planschbecken und Wannen auf. Am besten stellen Sie eine Art „Straße" her, weil so von zwei Seiten möglichst viele Festgäste Zugang haben. Füllen Sie die Becken und Wannen mit Wasser, damit sich die Temperatur des Wassers noch einige Tage erhöhen kann, denn frisch aus der Leitung ist das Wasser vor allem für die ganz jungen Festbesucher zu kalt. Stellen Sie an jedem Becken Eimer mit dem Fischwerkzeug auf. Das können Kescher und Siebe aller Art, aber auch ausrangierte Schöpfkellen, Schaumkellen und Mini-Eimer sein. Kurz vor Festbeginn verteilen Sie die kleinen Schwimmtiere im Wasser. Hier bieten sich natürlich Kunststoffentchen an, aber auch Bälle aus dem Bällchenbad, Tischtennisbälle, Badewannentiere und andere schwimmende Materialien. Die Festbesucher können nun nach Herzenslust in den Becken fischen und keschern. Als Belohnung bekommen die jüngeren Festbesucher einen Angel- oder Fischerorden für jeden Sandkasteneimer voller Schwimmmaterialien. Am Ende des Festes helfen alle Besucher dabei, die Schwimmtiere in einem Wäschekorb zu sammeln. Verwenden Sie das Wasser zum Blumengießen!

Tipp

Bei diesem Angebot ist genaue Aufsicht gerade jüngerer Kinder unter drei Jahren natürlich Pflicht.

Dornkäppchen und Rotmützchen

Ein lustiges Theaterstück für ein märchenhaftes Fest

Dieses Theaterstück führen Sie als ErzieherInnen-Team oder einige Eltern den Festgästen vor. Auch die Bald-Schulkinder könnten das Stück spielen. Je nach Wunsch und Länge können zwischen fünf und neun Personen mitwirken, denn Sie können den Hofnarren weglassen oder statt einer mehrere Dienerinnen mit ins Spiel bringen. Sie können den Text nämlich nach eigenen Ideen kürzen, erweitern oder umgestalten.

ab 2 Jahren

Rollen

- **ErzählerIn**
- **Die Prinzessin (von einem Mann gespielt)**
- **Ihre DienerIn / nen**
- **Die Hexe**
- **Der Koch**
- **Der Hofnarr**
- **Das Kind (Rotmützchen)**

Kostüme

- **Prinzessin:** Prinzessinnenkleid, Strumpf mit Löchern, locker sitzende Stiefel
- **Koch:** Weiße Kleidung, Schürze, Kochmütze
- **Hexe:** Hexenkleidung, Hexenhut
- **Dienerin:** Langer Rock, Schürze
- **Hofnarr:** Clownskostüm
- **Kind:** Rote Mütze

Bühnenbild / Requisite

- **1 Tisch**
- **1 Stuhl**
- **Liege**
- **Pokal, Teller mit Abdeckhaube, Tablett, Fläschchen, Flasche**
- **1 Muffin**

Bauen Sie die Möbelstücke auf. Über dem Bett kann eine rote Decke liegen. Auf den Tisch einen Teller mit einer Abdeckhaube stellen. Ein Blumentopf kann nach Geschmack noch mit auf die Bühne, weil das Stück ja im Schlossgarten spielt.

Das Theaterstück

Erzähler:

Es war einmal eine Prinzessin namens Dornkäppchen. Diesen Namen hatte die Prinzessin erhalten, weil sie immer so kratzbürstig und schnippisch war.

Prinzessin kommt auf die Bühne, zuckt mit den Schultern, stampft ein bisschen herum und lässt sich auf einen Stuhl fallen

Und auch mit dem Essen war die Prinzessin sehr, sehr eigen. Nichts schmeckte ihr und ständig nörgelte sie an allem nur herum.

Prinzessin hebt eine Abdeckhaube von einem *Teller, schnuppert, klappt die Haube wieder zu und sagt: „Iiiigitt!“*

Ausgesuchte Weine, Puddingcremes und Sahnetörtchen verschmähte sie.

Die Dienerin betritt die Bühne und stellt einen Pokal auf den Tisch. Sie rennt schnell wieder weg, die Prinzessin wirft ihr den Pokal nach und ruft: „Frechheit! Ekelhaft!“ Der Erzähler geht aus der Schusslinie oder zieht den Kopf ein

Die leckersten Schlemmereien und Spezialitäten servierten ihr die Köche am Schloss. Aber ob „Filet mignon à la maison“ oder „Petits fours à l'orange“: Nichts schmeckte der verwöhnten Prinzessin.

Der Koch erscheint mit einem Tablett mit Tellern, die Prinzessin winkt ihn genervt weg, der Koch verlässt seufzend die Bühne; die Prinzessin wirft sich missmutig auf die Liege

Eines Tages aber kam eine alte Hexe ins Schloss. Sie wurde in den Schlosshof geführt, wo die Prinzessin auf ihrer goldenen Liege ruhte.

Die Hexe betritt kichernd die Bühne mit einem Muffin in der Hand

Die Hexe bot der Prinzessin einen Apfelkuchen an. Die Prinzessin ließ sich nicht lange überreden und biss hinein, natürlich um sich hinterher ordentlich zu beschweren. Aber kaum hatte sie ein kleines Stückchen Kuchen gegessen, da fiel sie in einen tiefen Schlaf.

Die Hexe gibt der Prinzessin einen Muffin, die Prinzessin beißt hinein, fällt zurück auf die Liege und schnarcht laut; die Hexe reibt sich die Hände und verlässt kichernd die Bühne.

Egal wer versuchte, sie aufzuwecken: Sie wachte einfach nicht auf. Nicht, als ihre Dienerin ihr Duftöl unter die Nase hielt.

Dienerin kommt und hält ein Fläschchen unter die Nase der schnarchenden Prinzessin; die Prinzessin schmatzt und schnarcht weiter, die Dienerin verlässt kopfschüttelnd die Bühne

Nicht, als der Koch seine neueste Kreation „Pommes de terre au four avec fromage“ servieren ließ.

der Koch erscheint mit einem Teller, wartet kurz und geht seufzend wieder weg

Und auch nicht, als man an ihr rüttelte.

Koch und Dienerin rütteln an der Prinzessin, die brummt, schnarcht dann aber weiter

In der Not rief man die Hexe wieder dazu. Die Hexe gab der Prinzessin einen Trank …

Die Hexe kommt auf die Bühne und hält eine Flasche an den Mund der Prinzessin

Die Prinzessin trank und … äh … trank. Aber kaum war die Flasche leer, schlief die Prinzessin wieder ein.

Die Prinzessin setzt sich auf und trinkt geräuschvoll aus der Flasche, danach rülpst sie, legt sich wieder hin und schläft weiter; Hexe, Koch und Dienerin zucken die Schultern und schütteln die Köpfe

Der Hofnarr wurde gerufen. Er machte ein paar Kunststücke. Es half nichts. Er zog der Prinzessin die Schuhe aus … uh! … und kitzelte sie an den Füßen.

Der Clown erscheint auf der Bühne, hüpft oder tanzt. Dann zieht er der Prinzessin einen Schuh aus und hält sich die Nase zu. Unter dem Schuh kommt ein Strumpf mit vielen Löchern zum Vorschein. Der Clown kitzelt den Fuß, während er sich die Nase zuhält. Die Prinzessin brummt, schläft aber weiter.

Nichts konnte, wie es schien, die Prinzessin wecken.

Clown, Koch, Dienerin, Hexe schütteln die Köpfe, seufzen, zucken mit den Schultern

So schlief die Prinzessin viele, viele Tage. Und aus den Tagen wurden Wochen. Und aus den Wochen wurden Monate.

Prinzessin auf dem Bett schnarcht, Personen sitzen müde auf dem Boden

Da kam eines Tages ein Kind mit einer roten Mütze ins Schloss.

Das Kind hüpft auf die Bühne, die anderen Personen springen auf

Sofort wurde es zur Prinzessin gebracht. Das Kind betrachtete die Prinzessin und dachte nach. Und dann hatte das Kind eine Idee: Es fragte die anderen, ob denn keiner von ihnen darauf gekommen wäre, freundlich zu sein?

Das Kind betrachtet die Prinzessin, denkt nach, kratzt sich am Kopf und schnippt dann mit den Fingern

Das Kind streichelte die Prinzessin am Arm. Und da endlich erwachte die Prinzessin. Sie sah sich um, lachte und bedankte sich bei allen, besonders natürlich bei dem Kind.

Prinzessin wacht auf, steht auf, schüttelt jedem die Hand

Und daran kann man sehen, dass ein bisschen Freundlichkeit Wunder bewirken kann. Und dass man mit Freundlichkeit die Welt verändert. Denn von dem Tag an war die Prinzessin kein einziges Mal mehr kratzbürstig oder schlecht gelaunt. Sie lud das Kind ein, mit ihr auf dem Schloss zu wohnen. Und gemeinsam eröffneten sie ein veganes und glutenfreies Restaurant. Und wenn sie nicht gestorben sind, dann kochen, backen, essen und trinken sie noch heute.

Die Personen kommen zum Erzähler und alle gemeinsam verbeugen sich

Ciao und Tschüss, ihr großen Leute!

Ein Lied, um die Bald-Schulkinder zu verabschieden

Dieses kleine Lied können Sie gemeinsam mit den Kindern singen, Sie können aber auch im Team eine Vorführung für die Bald-Schulkinder vorbereiten und sie am Sommerfest aufführen. Dazu brauchen Sie nur ein einziges Kostüm.

ab 2 Jahren

Material

- **Kostüm mit Zauberstab für eine Hexe, einen Zauberer oder eine Fee**

Als Lied

Singen Sie das Lied einfach zur Melodie von „Fünf kleine Fische".

Als Vorführung

Hier können sich alle Bald-Schulkinder auf der Bühne versammeln. Beim Singen läuft eine Kollegin/ein Kollege, verkleidet als Hexe/Zauberer/Fee, mit einem Zauberstab durch die Kinder. Wer vom Zauberstab berührt wird, verlässt die Bühne, bis am Schluss kein Kind mehr auf der Bühne steht. Sie können das Lied so gestalten, dass manche Zeilen gemeinsam und andere von einer Kollegin/einem Kollegen allein gesungen werden. Den Spruch am Ende jeder Strophe „Ach du Schreck" können Sie statt zu singen auch sprechen. Lassen Sie Ihrer Fantasie freien Lauf!

Bald beginnt die Schule und ihr Kinder seid weg,
schwupp-schwupp, schwupp-schwupp,
dann bekommen alle 'nen riesigen Schreck,
schwupp-schwupp, schwupp-schwupp.
Ihr seid viel zu groß für die Kita und jetzt
sagen wir Tschüss und Ciao auf dem Sommerfest.
Ach du Schreck,
die Kinder geh'n weg!
Schwupp-schwupp, schwupp-schwupp.

Bald beginnt die Schule und ihr Großen seid fort,
schwupp …
dann lernt ihr an einem anderen Ort,
schwupp …
Denkt doch auch mal an die Kita zurück,
denn wir vermissen euch hier alle und wir wünschen euch Glück!
Schwupp …

Wassermelonenbowle

Ein erfrischender Partyspaß

Wassermelonen mögen die meisten Kinder gern. Bei dieser nicht zu süßen Bowle kommt noch erfrischende Gurke mit dazu. Dass das richtig toll schmeckt, beweist dieses Rezept.

Das brauchen Sie

- **Wassermelone**
- **nach Wunsch: eine Limette**
- **Mixer/Pürierstab**
- **Mineralwasser**
- **eine Tasse starken Hibiskustee, abgekühlt**
- **etwas Himbeersirup**
- **Salatgurke**

Schneiden Sie die Wassermelone auf und ein Achtel heraus. Das Achtel schneiden Sie in dreieckige Scheiben. Diese Scheiben können Sie später (mit Schale) an die Gläser stecken.

Ein weiteres Viertel der Melone können Sie nun von der Schale befreien und in kleine Stücke zerteilen. Auch möglich, aber mehr Arbeit: Sie stechen mit einem Melonenausstecher kleine Kugeln aus. Alles restliche Fruchtfleisch herauslösen und mit dem Pürierstab oder im Mixer mit dem Saft der Limette pürieren. Das Fruchtpüree in der Bowlenschüssel mit Mineralwasser, Tee und etwas (wenig!) Himbeersirup mischen. Die Salatgurke in dünne Scheiben schneiden und mit den Melonenstückchen in die Bowle geben. Alles kurz im Kühlschrank durchziehen und kühl werden lassen.

Tipp

Je weniger Sirup Sie zugeben, desto weniger süß wird die Bowle. Gerade an heißen Tagen schmeckt es mit weniger Süße besser und auch die Eltern lassen sich hier bestimmt gern ein Gläschen schmecken. Lassen Sie die Kinder die Bowle mit einem Schöpflöffel ausgeben – eine tolle Möglichkeit, die Feinmotorik zu trainieren.

Marienkäfersnack

Ein herzhafter Reinbeißer ohne Backen

Diese kleinen Käfer sind superlecker und lassen die Augen der Geburtstagsgäste bestimmt funkeln.

Das brauchen Sie

- runde Cracker
- Frischkäse
- Basilikumblatt
- Kirschtomaten
- schwarze Oliven ohne Stein
- Schnittlauch

Auf einen Cracker einen Klecks Frischkäse geben und ein grünes Blatt (Basilikum) so drauflegen, dass es übersteht. Eine Kirschtomate halbieren und eine Hälfte als Marienkäferkörper auf den Fischkäse drücken. Nehmen Sie ein Viertel einer Olive als Marienkäferkopf: einfach vor der Tomate auf den Frischkäse drücken. Zwei Fühler aus Schnittlauch in den Frischkäse vorn am Marienkäferkopf stecken. Drei oder fünf kleine Olivenstückchen mit wenig Frischkäse als Käferpunkte aufkleben.

Süße Variation

Auch als süßer Snack klappt der Marienkäfer. Dazu einfach statt des Crackers einen runden Keks verwenden. Den Frischkäse mit Vanillezucker süßen. Als Körper eine halbierte Erdbeere aufdrücken, als Kopf einen dunklen Schoko-Drop. Die Fühler können aus einem Stück Fruchtgummischnur entstehen und das Blatt kann hier von der Minze oder Zitronenmelisse kommen.

Geburtstag

Happy Birthday mit noch mehr Spaß: Eine Torte mit Kerzen, die ausgepustet werden, ein Geburtstagslied, Glückwunschkarten, große und kleine Geschenke – in der Kita haben Sie sicherlich eigene Traditionen rund um den großen Tag im Leben der Kinder entwickelt. Und trotzdem macht es Ihnen und den Kindern vielleicht Freude, wenn Sie Ihr Repertoire mit den Ideen auf den folgenden Seiten erweitern können.

In diesem Kapitel warten kleine Geburtstagsrituale, personalisierbare Geburtstagslieder und jede Menge Dekorationen auf Sie und die (Geburtstags-)Kinder. So macht das Feiern an diesen Tagen noch mehr Freude.

Spiele & Rituale

Suchen Sie nach Abwechslung bei der Feier der Kindergeburtstage? Wie wäre es dann mit den Ideen aus diesem Kapitel? Hier warten Gedichte, Gratulationsrituale, Erinnerungsfotos und sogar ein Fingerspiel auf alle Feiernden.

Infoseite

Warum feiern wir Geburtstag?

Ein Kuchen, vielleicht mit Kerzen, Glückwünsche und Geschenke und auf jeden Fall ein Lied: So feiern wir heute Geburtstag. Aber woher kommt diese Tradition eigentlich? Und warum feiern wir so ritualisiert? Ein Blick in die Geschichte der Welt führt uns auf die Spuren dieses alten Festbrauchs.

Antike Geburtstagsfeiern

Der Geburtstag ist der Tag, an dem sich der Zeitpunkt der Geburt jährt. Dazu muss allerdings dieser Zeitpunkt bekannt sein und festgehalten werden. Schon die alten Pharaonen taten dies und auch die Römer. Für die antiken Kulturen war das kein Problem – vor allem, wenn man wichtig war. Im römischen Reich existierten ganze Geburtsregister, in denen alle Geburten genau verzeichnet waren. Zum einen diente die Kenntnis des genauen Zeitpunkts der Geburt dem Erstellen von Horoskopen – damals ganz große Mode. Zum anderen konnte so genau ermittelt werden, wer beispielsweise alt genug für den Heeresdienst war oder wer Steuern zahlen musste. Auch im alten Persien, viele Jahrhunderte vor null, wurde schon kräftig der Geburtstag gefeiert und dabei gut gegessen. Damals hatte der Geburtstag vorrangig das Ziel, sich bei den Göttern zu bedanken und ihren Segen für das nächste, neue Lebensjahr zu erbitten. Die christliche Kirche lehnte den Geburtstag als heidnischen Brauch zunächst ab, führte aber etwa ab dem 5. Jahrhundert Geburtstagfeiern von Herrschern und anderen wichtigen Leuten ein.

Die Wiederentdeckung des Geburtstagsfests

Im Mittelalter sah das Ganze schon wieder ganz anders aus: Zu dieser Zeit wussten viele Menschen ihren Geburtstag überhaupt nicht, weswegen damals auch niemand diesen „Geburts-Tag" feierte. Erst ab dem Spätmittelalter änderte sich das. Philosophen sehen darin einen Wandel im Denken der Menschen: Der einzelne Mensch, bis dahin kaum als Individuum wichtig, wurde nun (wieder) in den Mittelpunkt gerückt. Zunächst setzte sich der Trend in den evangelischen Gebieten durch. In den katholisch geprägten Regionen wurde statt des Geburtstages der Namenstag gefeiert. Mit dem Aufkommen der Pädagogik entdeckten die Menschen die Wichtigkeit des Tages für die Kinder und gaben dem Feiern der Geburtstage noch mehr Rückenwind.

Heute und damals: Glück sollst du haben!

Heute ist der Geburtstag für uns ein selbstverständliches Fest. Der Geburtstagskuchen mit seinen Kerzen könnte aus dem antiken Artemiskult kommen, wo man der Göttin Kuchen mit Kerzen opferte. In den Geburtstagsliedern kommen Wörter wie „hochleben" oder „glücklich" vor – in fast allen Sprachen der Welt. So knüpfen sie an die alten heidnischen Glücksformeln an – und wer weiß, vielleicht nützt es?

Ein Thron fürs Geburtstagskind

Ehrenplatz und Ehrengäste

ab 2 Jahren

Darf auch bei Ihnen das Geburtstagskind auf einem Thron Platz nehmen? Was, Sie haben keinen? Ein Stuhl vom Sperrmüll und etwas Farbe können da Abhilfe schaffen. Noch mehr Ideen zur Throngestaltung, Sprüche und Ideen für Ehrengäste erfahren Sie hier.

Das brauchen Sie

- **einen alten, ausrangierten Holzstuhl (wenn möglich ohne Polster)**
- **Schleifpapier**
- **alte Zeitungen oder Malerfolie**
- **Kreidefarbe in Weiß, Hellgrün oder Türkis (aus dem Baumarkt)**
- **dünne Pappe oder Papier**
- **Bleistift**
- **Schere**
- **Klebestreifen**
- **goldene Farbe (Bastelfarbe/Acrylfarbe)**
- **dicke Pinsel**

Den Stuhl können Sie gemeinsam mit den Kindern vorbehandeln: Dazu können die Kinder ihn mit Schleif- oder Schmirgelpapier abreiben: einfach von Hand und so lange, wie die Kinder Geduld haben. Es ist nicht wichtig, dass der gesamte Stuhl gut abgeschliffen wird, denn die Kreidefarbe hält auch auf nicht abgeschliffenen Holzuntergründen. Decken Sie den Boden mit alten Zeitungen oder Folie ab. Nun können Sie den Stuhl mit der Kreidefarbe Ihrer Wahl bepinseln. Falls nötig, lassen Sie die erste Schicht gut trocknen und tragen dann die zweite Schicht auf.

Auf einen Bogen Pappe oder Papier zeichnen Sie mit Bleistift eine Krone auf und schneiden sie aus. Das Papier, aus dem die Krone ausgeschnitten wurde, kleben Sie mit Klebestreifen auf die Rückenlehne des Stuhls. Mit einem dicken Pinsel und goldener Farbe tupfen die Kinder nun die Krone aus. Anschließend nehmen Sie das Papier ab und schon hat Ihr Stuhl seine Krone und Sie einen geschlechterneutralen Thron für Geburtstagsfeiern.

Tipp 1

Den Thron können Sie bei Geburtstagsfeiern hervorholen und für das Geburtstagskind bereitstellen:

Liebes großes Geburtstagskind,
ein Thron für dich kommt ganz geschwind.
König, Prinzen, Königin,
heute setzt du dich hierhin.

Tipp 2

Sie können zusätzlich zwei Ehrenplatzstühle mit kleineren Kronen gestalten. Dann kann das Geburtstagskind zwei Ehrengäste nennen, die rechts und links neben ihm auf diesen Stühlen Platz nehmen dürfen.

Wie viele Entchen wirst du alt?

Ein Geburtstagsliedritual vom Ententeich

ab 2 Jahren

Bei diesem Lied darf das Kind so viele Enten auf dem Tisch-See schwimmen lassen, wie es Jahre alt wird. Dazu können alle gemeinsam mitsingen und mitzählen.

Das brauchen Sie

- **Entchen (Bade-Enten aus leichtem Kunststoff, Spielzeugfiguren oder selbst gebastelt)**
- **eine Schale mit Wasser oder einen Bogen blauen Tonkarton (DIN A3) und weiße und schwarze Buntstifte**
- **ein Tuch**
- **nach Wunsch: einen Kuchen oder Kekse in Entenform**

Lied: Alle meine Entchen

Alle meine Entchen
schwimmen heut für dich,
freust dich sicherlich.
Eins für jedes Jährchen,
schwimmt hier auf dem Tisch:
Eins, zwei, …

Vorbereitung

Stellen Sie die Schale mit dem Wasser und kleine Plastikenten, die auf dem Wasser schwimmen können, auf einen Tisch oder in die Kreismitte. Alternativ können Sie kleine Spielzeugenten und einen „See“ (ausgeschnitten aus blauem Tonpapier und mit Wellen bemalt) aufstellen. Breiten Sie das Tuch darüber.

Durchführung

Singen Sie gemeinsam den obigen Text zur Melodie des bekannten Kinderliedes. Nach „Tisch“ darf das Geburtstagskind die Entchen auf den See stellen/auf dem See schwimmen lassen. Dabei zählen alle mit und das Kind lässt so viel Enten schwimmen, wie es Jahre alt wird.

Extratipp

Falls Sie Enten auf Wasser schwimmen lassen möchten, können Sie zusätzlich Schwimmkerzen dazustellen. Diese Dekoration kann beim Geburtstagskuchenessen die Tischmitte zieren.

Heute ist ein ganz besonderer Tag

Ein Gedicht, um die Feier einzuleiten

Um die Kinder auf die Feier oder das Ritual einzustimmen, bietet sich dieses lustige Gedicht an, bei dem Ihnen die Kinder auf die Sprünge helfen können und verraten, wer heute sein Jubelfest hat.

Im Morgenkreis oder kurz bevor Sie feiern möchten, können Sie die Kinder mit diesem Reim fragen, was heute gefeiert wird und wer heute Geburtstag hat. Falls es die Kinder nicht wissen, legen Sie ein Foto des Kindes in die Mitte oder auf den Tisch.

Heute ist ein ganz besonderer Tag,
für jemand, den ich sehr gern mag.
Nur leider hab ich's ganz vergessen
und fast den Kuchen aufgegessen.
Wer hat denn heut Geburtstag bloß?
Bestimmt ist er/sie schon stark und groß?

die Kinder können nun sagen, wer heute Geburtstag hat

Ach so, der/die … ist's, hurra,
wer feiert mit? Der schreit laut: Ja!

alle, die mitfeiern möchten, rufen laut „Ja!"

Wir gratulieren!

Ein Mitmachgedicht für die Geburtstagsfeier

Bei diesem einfachen Mitmachgedicht können alle Kinder gemeinsam gratulieren und das Geburtstagskind hochleben lassen. So können beispielsweise auch Kinder mit Deutsch als Fremdsprache ihre Glückwünsche herzlich zum Ausdruck bringen.

ab 3 Jahren

Das brauchen Sie

- **eine Blume (echt oder aus Papier)**
- **einen Wurm (eine Wattekugel mit zwei aufgemalten Augen, an der eine lange Geschenkkordel angeheftet ist)**
- **Konfetti**

Zur Gratulation kommen die Kinder im Stehkreis zusammen. Das Geburtstagskind kommt in die Mitte. Ein Kind hält hinter seinem Rücken die Blume, das andere den Wurm versteckt. Die restlichen Kinder halten in ihren Händen Konfetti. Sprechen Sie den Reim vor, die Kinder können dazu die Bewegungen ausführen.

Von Herzen nur das Allerbeste,
zu deinem heut'gen Jubelfeste!
Wir wünschen dir eine Blume ganz bunt

ein Kind übergibt dem Geburtstagskind eine Blume

und geben unsere Wünsche kund:
Ein langes Leben, so lang wie ein Wurm!

ein Kind bringt den selbst gebastelten Wurm

Gesundheit, so stark wie ein großer Turm!

alle zeigen ihre Muskeln

Freunde, die an deiner Seite stehen

alle jubeln laut „Juhu!"

und mit dir durchs Leben gehen.
Zum Schluss einen Applaus für dich guten Schatz,
ein Segen von oben kommt auch noch: ratz, fatz!

die restlichen Kinder werfen das Konfetti

Tipp

Konfetti möchten Sie nicht, weil Ihre Kinder noch sehr jung sind oder weil sie das Zusammenkehren hinterher nicht in den Zeitplan bekommen? Dann klatschen einfach alle am Ende des Gedichts Applaus.

Die Runde der guten Wünsche

Ein Gratulationsritual von Herzen

ab 4 Jahren

Was lässt uns glücklich sein? Was wünschen sich die Kinder für ihre Zukunft oder die nächste Zeit selbst? Bevor Sie dieses Ritual starten, können Sie mit den Kindern darüber philosophieren, was dazugehört, wenn man glücklich oder zufrieden sein will. Notieren Sie die Wünsche und Ideen der Kinder, sodass Sie sie wiederholen können.

Das brauchen Sie

- **Notizblock**
- **Zettel**
- **nach Wunsch: für jedes Kind ein farbiges Herz (beispielsweise aus Tonkarton ausgeschnitten)**

Sammeln Sie die Ideen und Wünsche der Kinder auf einem Block und lesen Sie sie den Kindern vor. Wenn nun ein Kind Geburtstag hat, können die Kinder ihm diese guten Ideen wünschen. Dazu versammeln sich die Kinder am Tisch oder im Sitz-/Stehkreis. Jedes Kind außer dem Geburtstagskind bekommt ein Herz. Nacheinander können die Kinder – vielleicht mit etwas Hilfe von Ihnen – einen guten Wunsch für das Geburtstagskind formulieren und ihm ein Herz überreichen. So hat das Geburtstagskind am Schluss viele Herzen gesammelt, die es natürlich mit nach Hause nehmen kann.
Wünsche der Kinder können vielleicht folgende sein (sie können ganz einfach und in den Worten der Kinder ausgedrückt sein, sollten aber immer positiv formuliert sein):

Ich wünsche dir viele Freundinnen und Freunde.
Ich wünsche dir immer viel Gesundheit.
Ich wünsche dir ganz viel Spaß.
Ich wünsche dir tolle Spiele.
Ich wünsche dir einen Schatz.
Ich wünsche dir ganz viel Glück.
Ich wünsche dir viele leckere Sachen.

Fünf Finger gratulieren

Ein beliebtes Geburtstagsfingerspiel

Dieses Fingerspiel gehört auf jeden Krippenkindergeburtstag. Die fünf Finger kommen hier einzeln, um zu gratulieren.

Alle meine Fingerlein
wollen Gratulanten sein.
alle fünf Finger einer Hand zeigen

Der erste backt den Kuchen,
den will er gleich versuchen.
den Daumen zeigen

Der zweite zündet die Kerzen an,
damit man richtig feiern kann.
den Zeigefinger zeigen

Der dritte malt dir einen Stern,
der hat dich besonders gern.
einen Stern in die Luft malen

Der vierte bringt ein Päckchen klein,
was wird da wohl drinnen sein?
den Ringfinger zeigen

Der fünfte Finger singt ein Lied,
da singen alle Kinder mit.
den kleinen Finger zeigen und nach Wunsch auch wirklich ein Lied singen

Lächeln, bitte!

Ein verrücktes Erinnerungsfoto

ab 3 Jahren

Diese Geburtstagsidee wird allen noch lange in lustiger Erinnerung bleiben, denn ein Foto hält die bunte Gästeschar fest – und zwar in (verrückter) Verkleidung.

Das brauchen Sie

- **Kostümekiste/Kleiderkiste**
- **weitere Accessoires wie Wintermützen, Taucherbrillen, Sonnenbrillen, Schwimmflossen, Schals, …**
- **nach Wunsch: Faschingsaccessoires wie Hexen- und Clownsnasen, Haarreifen mit Fühlern u. Ä.**
- **Digitalkamera**

Schauen Sie doch mal in Ihre Kostüme- oder Kleiderkiste: Könnte man noch lustige Accessoires ergänzen wie riesige Schuhe, Faschingsartikel wie Hexennasen oder Prinzessinnenkronen? Am Tag der Geburtstagsfeier dürfen die Kinder in diesen Schätzen nach Lust und Laune stöbern und sich so verrückt und seltsam wie möglich verkleiden. In der Verkleidung stellen sich alle Kinder für ein Gruppenfoto zusammen. Das Geburtstagskind kann in der Mitte auf seinem Thron sitzen oder von den anderen Kindern (bei älteren Kindern) getragen werden, oder es liegt auf dem Boden quer vor der Gruppe. Drucken Sie das Foto für alle Kinder aus, denn sicherlich wollen sich alle in ihrer tollen Verkleidung bewundern. Das Foto kann auch in die Portfolio-Ordner aller Kinder kommen, als Erinnerung für die Zeit nach der Kita.

Geburtstags-lieder

Einfach nur singen? Das wird schnell langweilig. Verbinden Sie die folgenden Lieder doch mit kleinen Ritualen – oder nutzen Sie die Liedchen zum Überreichen eines Geschenks oder einer kleinen Überraschung.

Hoch sollst du leben!

Ein Lied mit Mini-Experiment

ab 2 Jahren

Zum Lied „Hoch sollst du leben" zünden Sie passenderweise eine Teebeutelrakete, die das „Hoch!" aus dem Lied unterstreichen soll. Die Teebeutelrakete als altbekannter Geburtstagsbrauch macht der Vollständigkeit halber in diesem Heft den Anfang.

Das brauchen Sie

- **Ofenblech oder andere feuerfeste Unterlage**
- **einen leeren Teebeutel (beispielsweise ausgeleerter Beutel von Pfefferminztee)**
- **Feuerzeug**
- **Brandschutz, beispielsweise einen Eimer mit Wasser**

Lied: Hoch sollst du leben!

Hoch sollst du leben,
hoch sollst du leben,
dreimal hoch!
Hoch, hoch, hoch!

Vorbereitung

Bauen Sie auf einem Tisch oder in der Kreismitte die feuerfeste Unterlage auf. Den Teebeutel leeren Sie aus (beide Kammern)! So erhalten Sie einen langen, leeren und an beiden Enden offenen Papierschlauch. Ein Eimer Wasser als Brandschutz sollte ebenfalls parat stehen.

Durchführung

Singen Sie gemeinsam das Lied „Hoch sollst du leben" nach der bekannten Melodie. Das „Hoch" können die Kinder richtig laut schreien und dabei die Arme hochheben. Im Anschluss daran stellen Sie den Papierschlauch des Teebeutels auf die Unterlage und zünden ihn am oberen Rand an einer Stelle an. Nun können Sie mit den Kindern beobachten, wie die Flamme sich ausbreitet und den Teebeutel von oben nach unten auffrisst. Wenn der Teebeutel über die Hälfte verbrannt ist, erhebt sich der übrig gebliebene Ring in die Luft und schwebt davon.

Erklärung

Weil die heiße Luft, die sich beim Verbrennen bildet, leichter ist als die kalte Luft aus der Umgebung, hebt sie den am Ende nur noch ganz leichten Papierring hoch.

Schmetterlinge für dich!

Ein Lied mit kleinem Zaubertrick

Mit diesem Lied bringen die Kinder Schmetterlinge dazu, ihre Flügel aufzufalten – dank eines kleinen Zaubertricks.

ab 2 Jahren

Das brauchen Sie

- **kleine quadratische Papierzettel (beispielsweise von einem Zettelblock)**
- **Wachsmalstifte**
- **Schale mit Wasser**

Lied: Kleine bunte Schlingel

Zum Geburtstag,
liebe/r … *(Namen einfügen)*:
ganz viel Glück,
ganz viel Glück,
wünschen Schmetterlinge,
kleine bunte Schlingel,
schaut, wie schön,
könnt ihr's sehn?

Vorbereitung

Falten Sie die Zettel einmal in der Mitte zu einem „Brief". Dann schneiden Sie sie ein, sodass beim Aufklappen eine Schmetterlingsform entsteht. Die Schmetterlinge malen Sie oder die Kinder nun innen (nicht außen, nur auf einer Seite!) mit den Wachsmalstiften an. Dann falten Sie alle Schmetterlinge wieder zusammen.

Durchführung

Die Kinder legen die Schmetterlinge in die Wasserschale. Zählen Sie gemeinsam mit: Legen Sie so viele Schmetterlinge in die Schale, wie das Kind Jahre alt wird. Dann singen Sie gemeinsam das Lied zur Melodie von „Bruder Jakob" oder zu einer selbst ausgedachten Melodie und beobachten, wie die Schmetterlinge wie von Zauberhand langsam ihre Flügel auffalten, sobald sich das Papier mit dem Wasser vollsaugt.

Wer hat heute Geburtstag?

Ein Lied zum Mitzählen

ab 2 Jahren

Zählen, singen, sich freuen und am Ende ganz laut gemeinsam „Hurra!“ schreien: Dieses Geburtstagslied sorgt auf jeden Fall für Stimmung.

Das brauchen Sie

- **Kerzen**
- **Feuerzeug**
- **eine große Zahl aus Pappe (gemäß dem Alter des Geburtstagskindes)**
- **ein Tuch**
- **einen Eimer mit Wasser (Brandschutz)**

Lied: Wer hat heute Geburtstag?

(Der/Die) … hat (heut) Geburtstag,
was für ein Glück!
Wir wünschen alles Gute,
dir Zuckerstück!
Wie viel Jahre wirst du heut?
Wir zählen laut mit allen Leut:
Neunzehn, achtzig, vierundfünfzig oder …
(richtiges Alter einfügen).

Vorbereitung

Verstecken Sie die Kerzen und das Feuerzeug sowie die große Zahl unter einem Tuch. Beim Singen darf das Geburtstagskind das Tuch wegnehmen.

Durchführung

Dieses Lied können Sie zur Melodie von „Ein Männlein steht im Walde“ singen. Am Ende des Liedes fügen Sie einfach die echte Anzahl der Jahre in den Text ein und zählen sie dann laut gemeinsam nach, beispielsweise „Eins, zwei, drei, Hurra!“ Für jedes Jahr können Sie dann gemeinsam eine Kerze anzünden.

Wisst ihr, wer heut Geburtstag hat?

Ein Spiellied im Kinderkreis

Mit diesem kleinen Spiellied können Sie das Geburtstagskind gemeinsam mit einem kleinen Blumenstrauß beschenken und im Kinderkreis ehren.

Das brauchen Sie

- **einen kleinen Blumenstrauß (echte oder Papierblumen) fürs Geburtstagskind**

Lied: Wisst ihr, wer heut Geburtstag hat?

Wisst ihr, wer heut Geburtstag hat?
Das ist doch gar nicht schwer:
Der tanzt in unserm Kinderkreis hier drinnen hin und her.
Wir freuen uns, Applaus, Applaus,
bekommst auch einen Blumenstrauß.
Wisst ihr, wer heut Geburtstag hat?
Das ist doch unser/uns're …!

Vorbereitung

Kaufen oder basteln Sie einen Blumenstrauß: Es reicht auch schon eine einzige schöne Blume. Falls Sie echte Blumen verwenden, stellen Sie auch eine Vase bereit, damit das Kind am Ende des Tages seine Blume(n) frisch mit nach Hause nehmen kann.

Durchführung

Stellen Sie sich in einem lockeren Stehkreis auf. Zur Melodie von „Da tanzt ein Bi-Ba-Butzemann" singen Sie den Liedtext. Bei „Der tanzt in unserm Kinderkreis" geht das Geburtstagskind in die Kreismitte. Die anderen Kinder applaudieren ihm bei „Applaus, Applaus!", dann kann ein Kind ihm den Blumenstrauß überreichen. Zum Abschluss können alle laut den Namen des Kindes einfügen und noch einmal laut klatschen und „Hurra!" rufen.

Kerzen brennen

Ein Geburtstagslied mit Schimmer und Freude

Bei diesem Lied sitzen Sie am besten um einen Tisch herum, denn für das Geburtstagskind werden dabei Kerzen angezündet, die es anschließend auspusten darf, um sich etwas zu wünschen. Die Melodie ist ganz einfach: Singen Sie beispielsweise zur Melodie von „Funkel, funkel, kleiner Stern" oder auch zu einer selbst ausgedachten Melodie.

ab 3 Jahren

Das brauchen Sie

- Kerzen oder Teelichter
- Feuerzeug
- einen Eimer mit Wasser (Brandschutz)

Lied: Kerzen brennen

Kerzen brennen nur für dich
hier auf dem Geburtstagstisch:
Glück für dich im nächsten Jahr,
das wird sicher wunderbar.
Pust sie aus und wünsch dir was,
denn das ist ein Riesenspaß.

Entzünden Sie gemeinsam so viele Kerzen (etwa auf einem Kuchen) oder Teelichter in sicheren Halterungen, wie das Kind Jahre alt wird. Dann singen Sie gemeinsam das Lied und am Ende darf das Kind die Kerzen auspusten und sich etwas wünschen. Den Wunsch kann es verraten oder geheim halten – ganz nach dem Willen des Kindes.

Kreativ- & Dekoideen für Geburtstage

Schnell mal eine 1-2-3-Geburtstagskiste herstellen, eine besondere Verpackungsidee oder eine Krone fürs Geburtstagskind? Hier finden Sie Ideen, die Ihre Geburtstage noch schöner und fröhlicher werden lassen.

Die 1-2-3-Geburtstagskiste

Dekoideen aus dem Karton gezaubert

Schon wieder ein Geburtstag und es muss etwas Dekoration her? Für solche Zwecke sollten Sie sich einen Geburtstagskarton anlegen, der Dekomaterial enthält, das Sie immer wieder – neu zusammengestellt – nutzen können.

ab 1 Jahr

Material

- **Karton oder Kiste**
- **Bunter Tonkarton oder Pappe**
- **Scheren**
- **Cutter / Teppichmesser**
- **Locher**
- **Geschenkband**
- **Wäscheklammern**
- **Wäscheleine**

Zeichnen Sie große Zahlen von 1 bis 7 auf DIN-A2-Tonkartonbogen. Der Tonkarton kann schon farbig sein, ein Muster oder Glitzereffekte haben. So sparen Sie sich das Anmalen. Die Zahlen einfach ausschneiden und lochen. Geschenkband durchfädeln. Beim Geburtstag schmückt die Zahl, die zum Geburtstag passt, etwa die Fünf, den Tisch oder sie hängt von der Wand oder von der Decke. Aus den Tonkartonresten schneiden Sie ebenfalls kleinere Zahlen aus. Am Geburtstag einfach ein Stück Knetmasse auf den Tisch legen, die passende Zahl (entsprechend dem Alter des Kindes) einstecken. Auch möglich: Die Zahlen an einer Leine mit bunten Wäscheklammern befestigen.

Noch mehr Kisten-Ideen

Wenn Sie keine Lust zum Selbermachen haben, können Sie eine Geburtstagskrone auch im Schnellrestaurant besorgen. Golden anmalen. Trocknen lassen. Mit Glitzersteinen bekleben. Für einen echt coolen Geburtstag Knicklichter zu Armreifen biegen. Jedes Kind bekommt einen Armreif und darf im etwas abgedunkelten Raum zur Lieblingsmusik tanzen.

Mein Platz ist heute wunderschön

Dekoideen für den Tisch

Mit dieser tollen Geburtstagsdekoration nimmt sicher jedes Geburtstagskind aus Ihrer Gruppe gern am Tisch Platz. Beziehen Sie die Interessen des Kindes und die Jahreszeit mit ein!

Das brauchen Sie

- **Dekorationsmaterial aus der Natur je nach Jahreszeit: Zapfen, Zweige, Blüten, Steine, Moos, Gras, Heu, Blätter**
- **ein kleines Spielzeug, das das Kind später behalten kann – je nach Interesse des Kindes, beispielsweise ein Mini-Spielzeugauto, eine Tierfigur o. Ä.**
- **ein Teelicht in einem Glas oder ein LED-Licht**

Gemeinsam mit den Freunden des Kindes oder Kindern, denen dies Spaß macht, können Sie rund um den Teller am Platz des Geburtstagskindes die Dekomaterialien anordnen, sodass ein nach unten (zum Tischende hin) offener Kranz entsteht. In die Mitte kommen die Kerze und das Geschenk.

Tipps

Auch für die Ehrengäste können Sie eine Blume oder einige schöne Blätter auslegen, zum Beispiel kurz hinter der Blüte abgeschnittene Schnittblumen. Im Winter oder wenn sich draußen einfach nichts finden lässt, können neben Zapfen und Moos auch Blumen aus Papier oder Stoff oder andere Dekoelemente zum Einsatz kommen: Bei älteren Kita-Kindern vielleicht Glitzerpulver oder Glitzerfiguren zum Streuen, Dekosand oder auch -kristalle.

Eine Krone fürs Geburtstagskind

Eine mitwachsende Krone für König*innen

Schnell mal eine Krone herholen: Aber was, wenn sie nicht passt oder wenn die Kinder sich kein enges Gummi um das Kinn schnallen möchten? Diese Krone ist nicht nur „gemütlich", sondern Sie können Sie auf jede Kinderkopfform einstellen. Praktisch, wenn Sie gleich zwei oder drei Varianten herstellen!

Das brauchen Sie

- **einen großen Bogen bunten, silbernen oder goldenen Tonkarton (DIN A3)**
- **Bleistift**
- **Schere**
- **Reste von Filz, Kunstpelz oder Samt**
- **Heißkleber (benutzen nur Erwachsene)**

Zeichnen Sie mit Bleistift eine etwa 20 cm lange Zickzacklinie auf den Tonkarton und eine zweite gerade Linie im Abstand von 10 cm genau darunter, sodass ein etwa 20 cm langes Zickzackband entsteht, das Sie nun ausschneiden. Aus dem Stoff Ihrer Wahl schneiden Sie einen etwa 50 cm langen und 6 cm breiten Stoffstreifen zu. Bestreichen Sie ihn auf einer Seite komplett mit Heißkleber. Legen Sie die Krone mittig darauf und klappen Sie den Streifen nun längs zusammen, sodass an beiden Enden der Krone lange Streifen übrigbleiben. Gut trocknen lassen. Wenn ein Kind nun Geburtstag hat, binden Sie die Krone einfach um den Kopf herum fest, etwa wie ein Stirnband.

Tipp

Toll sieht die Krone auch aus, wenn Sie Hologrammkarton verwenden. Sie können Ihre Kronen auch zusätzlich mit Glitzer bestäuben oder betupfen, nachdem Sie durchsichtigen Klebstoff aufgetragen haben.

Schneckenpost

Eine Schnecke bringt dir das Geschenk

Alle Geschenke, die sich gut zusammenrollen lassen (siehe unten), kann die Schneckenpost bringen – und so für eine wunderschöne Verpackung sorgen.

Das brauchen Sie

- **Geschenk aus Stoff: Waschlappen, Fingerpuppe, Halstuch**
- **Geschenkband**
- **Tonkarton**
- **Schere**
- **Wackelaugen oder Filzstift**
- **Klebstoff**
- **nach Wunsch: doppelseitiges Klebeband**

Rollen Sie das eigentliche Geschenk (beispielsweise die Fingerpuppe) schneckenförmig zusammen. Befestigen Sie das Ganze, indem Sie etwas Geschenkband darumbinden. Für die Schnecke schneiden Sie aus Tonkarton einfach einen Streifen passend zum Geschenk zu, der am oberen Ende einen schematischen Schneckenkopf hat. Verzieren Sie den Schneckenkopf nach Ihren Ideen: Oft ist gar nicht viel nötig. Sie können Wackelaugen oben auf die Fühler aufkleben, der Schnecke einen Schal aus gemusterten Papierresten anziehen oder einfach Augen aufmalen. Dann knicken Sie den Streifen so, dass Sie das zusammengerollte Geschenk bequem als Häuschen auflegen können. Mit doppelseitigem Klebeband können Sie das Geschenk auch an der Schnecke befestigen, falls nötig.

Meine Erzählsteine-Kiste

Ein Geschenk für Dichter und Geschichtenerfinder

Bei diesem Geschenk können die anderen Kinder helfen und kräftig mitmalen. Dann erhalten Sie ein wunderschönes, persönliches Geschenk, das lange hält und mit dem es sich immer wieder neu spielen lässt.

Das brauchen Sie

- **glatte, saubere Kieselsteine in verschiedenen Größen (etwa 6 bis 8 Steine)**
- **Wasser- oder Acrylfarben (je nach Art Ihrer Steine)**
- **Pinsel**
- **Klarlack**
- **eine schöne Holz- oder Pappschachtel**
- **Geschenkband**
- **Scheren**
- **nach Wunsch: Filzstifte**

Bemalen Sie je einen Stein mit einem einfachen kleinen Motiv, etwa einem Haus, Mond und Sternen, einem Tier, … – je nachdem, was Ihnen und den Kindern einfällt und was sich gut auf den Stein malen lässt. Alle Steine lassen Sie nun gut trocknen. Zur besseren Haltbarkeit können Sie die Steine zusätzlich mit Klarlack besprühen, allerdings erst nachdem die Farben vollständig getrocknet sind, damit nichts verwischt.

Nach dem Trocknen legen Sie alle Steine in die Schachtel, die Sie mit einem Glückwunsch beschriften und mit Geschenkband zubinden und verzieren können. Das Kind kann mit seinen Freunden oder allein später die Steine herausnehmen und sich dazu eine Geschichte ausdenken. Dazu die Schachtel in den Kreis geben. Jedes Kind nimmt einen Stein heraus und erzählt passend zum Motiv die Geschichte ein Stückchen weiter. Nach und nach kann das Kind weitere selbst bemalte Steine in seiner Kiste sammeln und sich immer wieder neue Geschichten ausdenken.

Meine eigene Tasse

Ein Prost aufs Geburtstagskind

Schnell mal eine Tasse bemalen: Sie müssen kein/e große/r Künstler*in sein, um aus einer unscheinbaren Ein-Euro-Tasse ein kleines, persönliches Geschenk zu gestalten. Dann nur noch befüllen und fertig!

Das brauchen Sie

- eine Porzellan- oder Keramiktasse ohne Muster
- Porzellanmalstift
- Bonbons oder Kekse
- kleine (Papier-)Tüte oder Servlette
- Geschenkband

Bemalen oder beschriften Sie die Tasse, beispielsweise mit dem Namen oder Spitznamen des Kindes. Je nach Geburtsdatum können Sie auch Blumen, Schneekristalle, Blätter, einen Winddrachen, Schneemann oder ähnliche kleine Motive dazumalen. Die Süßigkeiten packen Sie in einer Tüte (am besten aus Papier) oder einer Serviette ein, die Sie mit Geschenkband zubinden oder verzieren können und in die Tasse stecken. Fertig ist ein tolles Geschenk!

Geburtstags-rezepte

Für diese kleinen, leckeren Snackideen müssen Sie nicht extra den Ofen anwerfen. Schnell zubereitet können sie als Überraschung für das Geburtstagskind und die anderen Kinder gemeinsam hergestellt werden.

Mini-Törtchen für Eilige

Last-Minute-Muffins für Allergiker

Schnell müssen Muffins für die Geburtstagsgruppe her, aber eins der Kinder ist gluten- oder laktoseintolerant? Dann hilft dieses schnelle Rezept, das ohne Zucker, glutenhaltige Zutaten und ganz ohne Laktose auskommt. Und auch die jüngeren Kinder in der Gruppe dürfen mitnaschen.

ab 1 Jahr

Zutaten

- **200 g vorbereitetes Obst nach Verträglichkeit (Apfelstückchen, Blaubeeren, auch Tiefkühlobst ist geeignet)**
- **2 reife Bananen (große Früchte)**
- **4 Eier**
- **100 g gemahlene Mandeln**
- **20 g Kartoffel- oder Maisstärke (auch Buchweizenmehl ist möglich)**
- **½ Teelöffel Backpulver**
- **50 g Speiseöl (beispielsweise Rapsöl oder geschmolzenes Kokosöl)**
- **Nach Wunsch und Geschmack: 1 Teelöffel Zimt und / oder etwas Vanillepulver / Vanillemark**
- **nach Wunsch: Puderzucker zum Bestäuben**

Den Ofen auf 180 °C vorheizen und ein Muffinblech vorbereiten: Entweder die Muffinförmchen ausfetten oder mit Papierförmchen bestücken. Die Bananen in einer Schüssel leicht zerdrücken. Die Eier dazugeben und alles mit dem Handrührgerät gut verrühren. Mandeln, Stärke und Backpulver mit den Gewürzen mischen und zur Mischung geben. Das Öl dazugeben und alles kurz verrühren. Zum Schluss die Früchte leicht unterheben. Den Teig auf die Muffinförmchen verteilen. Die Muffins im Ofen etwa 30 bis 40 Minuten goldgelb backen. Falls Sie Tiefkühlobst verwenden, sollten Sie eher 40 Minuten einrechnen.
Nach Wunsch mit Puderzucker bestäuben.

Schwuppdiwupp-Kekse

Eine schnelle Schlemmeridee für besondere (Geburts-)Tage

Keine Zeit zum Keksebacken, keine Lust auf Kücheaufräumen? Diese leckeren Kekskugeln sind schnell gemacht, die Kinder können dabei prima helfen und je nach Anlass und Jahreszeit können sie die Kekse mit Gewürzen verschieden schmecken lassen.

Zutaten

- 150 g Mehl
- 1 Päckchen Backpulver
- 200 g gehackte Mandeln oder Mandelstifte
- 1 Päckchen Vanillezucker
- 1 Messerspitze Zimt
- 170 g Nussnugatcreme (am besten in Bioqualität oder Fair Trade)
- 1 Ei

Die trockenen Zutaten in einer Schüssel miteinander vermischen. Nussnugatcreme und Ei dazugeben. Mit den Knethaken des Handrührgerätes verkneten. Mit den Händen kleine Bällchen rollen und auf ein Blech legen. Bei 180 °C im vorgeheizten Ofen etwa 10 bis 12 Minuten backen.

Tipp

Weihnachtlich wird's, wenn Sie einen halben Teelöffel Lebkuchengewürz in den Teig geben. Stärker nach Mandeln schmecken die Kekse mit einem oder zwei Tropfen Bittermandelöl. Wie wäre es, wenn Sie die KollegInnen bei der nächsten Teamsitzung damit verwöhnen?

Ruckzuck-Lollis

Obst am Spießchen für Genießer

3 Jahren

Ohne Geschirr, schnell verfügbar, kaum Arbeit: Diese Obstlollis können Sie mit dem Geburtstagskind gemeinsam in nur wenigen Minuten zubereiten – oder einfach als Überraschung heimlich selbst, bevor der Geburtstag steigt.

Das brauchen Sie

- **Obststücke nach Saison, Vorrat und Geschmack, beispielsweise Apfelstückchen, Erdbeeren, Melonenstücke**
- **nach Wunsch: Zitronensaft**
- **Spieße oder Zahnstocher**
- **weiße Schokolade/Kuvertüre**
- **bunte Zuckerstreusel**
- **Styroporplatte oder Eierkartons**

Einfach ein oder zwei Obststücke auf einen Holzspieß stecken. Die Schokolade im Wasserbad oder in der Mikrowelle flüssig machen. Die Spieße ganz oder zur Hälfte eintunken und Streusel draufrieseln lassen. Zum Trocknen den Spieß auf eine Styroporplatte oder in Eierkartons stecken.

Tipp

Falls Sie eine Melone verwenden, lassen Sie eine Melonenhälfte ganz. Stülpen Sie sie nach dem Aushöhlen auf ein Tablett und stecken Sie die Spieße dort hinein. Falls Sie Apfelstücke schneiden möchten, können Sie dieses Obst mit etwas Zitronensaft beträufeln, dann laufen die Apfelstückchen nicht so schnell braun an.

Variation

Kaufen Sie fertige Eistüten aus Keks und füllen Sie die Obststücke einfach hinein – voilà!

Glotzmonster

Apfelgesichter zum Aufessen

3 Jahren

Diese lustigen Apfelgesichter schmecken richtig toll und locken auch Kinder, die Obst nicht so gern mögen, es zu probieren.

Das brauchen Sie

- **grüne Äpfel**
- **gestiftete Mandeln**
- **Erdbeeren**
- **Zahnstocher**
- **weiße Marshmallows**
- **Schokoschrift**

Die Äpfel waschen und in Viertel schneiden. Aus jedem Viertel am Rand ein Stück ausschneiden, sodass eine Art „Maul" entsteht. Am Rand des Mauls am „Oberkiefer" entlang Mandelsticks einstecken. Die Erdbeeren längs in Scheiben schneiden. Je eine Erdbeerscheibe als Zunge aus einem Maul heraushängen lassen. Mit zwei Zahnstochern zwei Marshmallows als Augen aufstecken und vorne mit einem kleinen dunklen Klecks Schokoglasur die Pupille aufmalen.

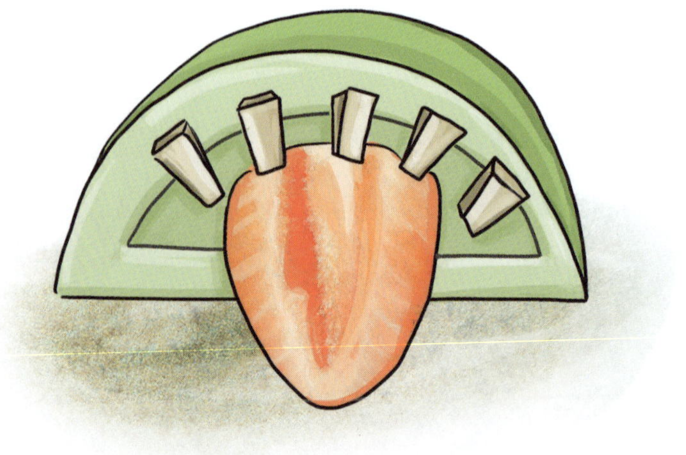

Aufessblumen

Blitzschnelle Törtchen

So schnelle Törtchen haben Sie bestimmt noch nie gemacht. Dabei sind die kleinen Blüten ein richtiger Hingucker und schmecken superlecker.

ab 2 Jahren

Das brauchen Sie

- **runde Doppelkekse mit Schokofüllung**
- **Schlagsahne**
- **Erdbeeren**
- **grüne Trauben oder Bananen**
- **Blätter von Pfefferminze oder Zitronenmelisse**

Auf einen Keks einen Klecks Schlagsahne geben und etwas verteilen. Die Erdbeeren waschen und längs in Scheiben schneiden. Einige Erdbeerscheiben auf der Sahne zu einer Blüte rundum zusammenlegen. In die Mitte eine halbierte grüne Traube oder eine Bananenscheibe legen. An den Rand noch ein grünes Kräuterblatt stecken.

Waffelflieger

Turboschneller Knusperspaß für die Geburtstagsrunde

Kennen Sie noch diese länglichen Eiswaffeln, die obligatorisch im Eisbecher stecken? Diese Waffeln (oder andere längliche Waffeln) kommen hier zum Flugeinsatz. Ohne Ofen!

Das brauchen Sie

ab 2 Jahren

- **längliche Eiswaffeln, am besten in hell und dunkel (beispielsweise aus der Eisabteilung im Supermarkt)**
- **Zuckerguss (gekauft oder selbst gemacht aus Puderzucker und Zitronensaft)**

Für ein Flugzeug eine Waffel (als Flügel) quer über die andere legen, sodass ein Kreuz (wie das Kirchenkreuz) entsteht, und mit Zuckerguss ankleben. Eine andere Eiswaffel dritteln. Ein Drittel ganz hinten als Höhenruder ankleben. Ein kleines weiteres Stück Waffel draufkleben als Seitenruder. Trocknen lassen. Zum Servieren alle Flugzeuge auf einem Tablett arrangieren.